コンビニがわかれば
現代社会のビジネスが見えてくる

—日本的小売業のイノベーター—

塩見英治

創成社新書
69

はじめに

本書は、今や、我々の生活に身近な存在になっている「コンビニ」を取り扱っている。小売業は、欧米では百貨店→スーパー→通販の経路をたどっているが、日本では、スーパーとコンビニの発展経路が並行するか、コンビニ先行のコースをたどっている。大店法と零細中小店舗の近代化が影響しており、ライフスタイルや社会構造の変化、戦略の変化で、急成長を遂げている。こうした意味で、コンビニは、小売業を主導する日本の特徴的イノベーターといえる。そのビジネス戦略は多くの示唆に富んでおり、同業分野や他のビジネス分野でも、発展のヒントがあるように思える。この発生と発展のカギを明かそうと試みたのが本書である。もちろん、今後の発展には課題も多い。これに応えるために、本書は多面的分析を試みており、多面的、包括的な分析のアプローチをとっている。

最近では、コンビニはその社会的役割が重視され、社会的インフラの役割まで担わされようとしている。防犯・生活の拠点、防災センターとしての役割である。公共料金の支払い、住民票の発行などの公共的役割も果たしている。24時間の営業で、どこでも、いつでも使える利便性が受けており、立地は、ドミナント戦略が利便性を増している。ＰＯＳシステム、温度別管理など、情報・物流戦略の優れた戦略も評価される。一方、ドミナントや値引きの制約などが、加盟店との間で係争になる問題も生じている。２０００年ごろには需要が飽和し、一時、停滞したが、高齢者や社会人女性を取り込む商品開発やＰＢ商品などの開発で危機を打開し、コロナ禍では、巣ごもりの中で、一定の役割を果たした。ＡＴＭ、通販の支払い、観劇や旅行チケットの予約などサービスの領域も拡大している。打開策の１つが、グローバル展開である。国内の運営方式とは異なるエリアライセンス方式で、アジア中心の展開を行っている。

戦略も、セブンイレブンが先行しているものとほぼ横並びの展開であり、これからも差別化の戦略を模索しなければならない。今後のコンビニの経営の大きな難題は、人手不足である。人的コミュニケーションとＩＴ化の推進のはざまで、難しいかじ取りをしなければならない。

本書は、コンビニの発展経路を整理し、コンビニを取り巻く変化の要素を、できるだけ広範に分析している。新しい局面はほとんどすべてを取り扱っている。こうした観点から、本書の構成は次のようになる。第１章では、小売業間の発展の相違と、コンビニエンスストアの日本での発展の特徴の背景と大店法との関係について検討している。発生、展開、停滞、再躍進の経緯を踏まえ、戦略のそれぞれの段階の特徴について整理している。第２章では、差別化をもたらす戦略の優位性と同質化、さらなる差別化の性格、大手各社の戦略の特徴を検討している。第3章では、コンビニの競争優位の戦略を特徴づけるPOSの情報や物流革新を分析し、最新のコールドチェーンの中での冷凍技術について考察し、さらに進んで、第4次革命と言われるDX革命の下、人手不足のコンビニのDXの取り組みの必要性、eーコマースへの取り組みについて考察している。eーコマースについては、リアルとバーチャルの両方の強みを指摘している。第4章では、PBのメリットとデメリットの両面を指摘し、新たな戦略の段階であること、地域と密着して展開する各社の戦略の特徴を指摘し、海外での傾向をも指摘している。第5章では、セブンイレブンなどのコンビニエンスストアを特徴づけるドミナント戦略のメリットとデメリットを整理し、集客のための立地要因と選定について考察している。第6章では、最近、問題になっている食品ロスと廃棄、プラスチックごみの廃棄に関する問題、各社の取り組みについて考察している。第7章では、今日の寡占体制に至るまでの合併・統合の経過と、資金面、投資面での商社との結びつきについて考察している。第8章では、ATMは今日のコンビニエンスストア利用の主要目的の1つであること、電子マネーに至る業務展開の経過についてセブン銀行を中心に整理し、利用実態を示している。第9章では、今日のコンビニエンスストアが、防犯、防災、多文化交流など、多岐にわたった生活拠点として、さまざまな社会的役割を果たしていることを整理している。第

10章では、本部と加盟店との間の24時間操業、値引き、ドミナント立地をめぐる抗争と軋轢を指摘している。第11章では、地域密着で安売りの「セコマ」と、都市圏で展開するミニスーパーの「まいばすけっと」を紹介し、未来のコンビニの接点、求められる新たな事業展開、戦略は何かを探っている。欧州を含めて、グローバル展開に耐えうるかが問われ、課題は多い。これからのコンビニの未来と課題を知るうえで、また、同業領域のみならず他のビジネスの領域で事業展開するうえで、本書が役立てば幸いである。

最後になったが、本書をまとめるにあたって、以下の方にお世話になったことを厚くお礼申し上げる。流通経済大学の矢野裕児先生には、一部の構成と執筆の援助、法政大学大学院の吉原圭佑氏には、本文・資料のチェック、武蔵野大学の石川実令先生には、資料の点検、拓殖大学の堂野崎衛先生、京都外国語大学の野崎俊一先生には、本文・資料の校閲でお世話になった。元日本流通学会会長、明治大学名誉教授の大石芳裕先生には本書の推薦を賜った。だが、本書の本文と資料の責任はすべて筆者にある。

著者　塩見英治

目次

第1章　小売業とコンビニエンスストア

1．小売業の展開

今日のコンビニを取り巻く社会環境は、正の方向にも負の方向にも作用する。厳しいのは少子高齢化で、その問題はさまざまな場で議論されている。日本の人口は、図1－1のように、江戸時代の小規模ながらの定常的安定期を経て、明治期以降に大きな伸びを示し、第二次世界大戦前後に急減。その大戦後の高度成長期以降、急速に増加し、2008年の1億2808万人をピークに、その後は人口減少時代に入った(1)。

少子化は高齢化だけでなく、単身世帯の増加、共稼ぎ世帯の増加をも伴っている。近年の急速な人口減少の要因として、未婚化と晩婚化、合計特殊出生率の低下、高学歴化などが指摘されている。このほか、経済的には配偶者や子を養育できない数多くの非正規就労の存在、核家族化の浸透による共同体的支援の後退などの要因が指摘されている。コンビニはこれまで、中高年層を主たる顧客としていたが、需要の限界の壁を、2000年代に商品開発

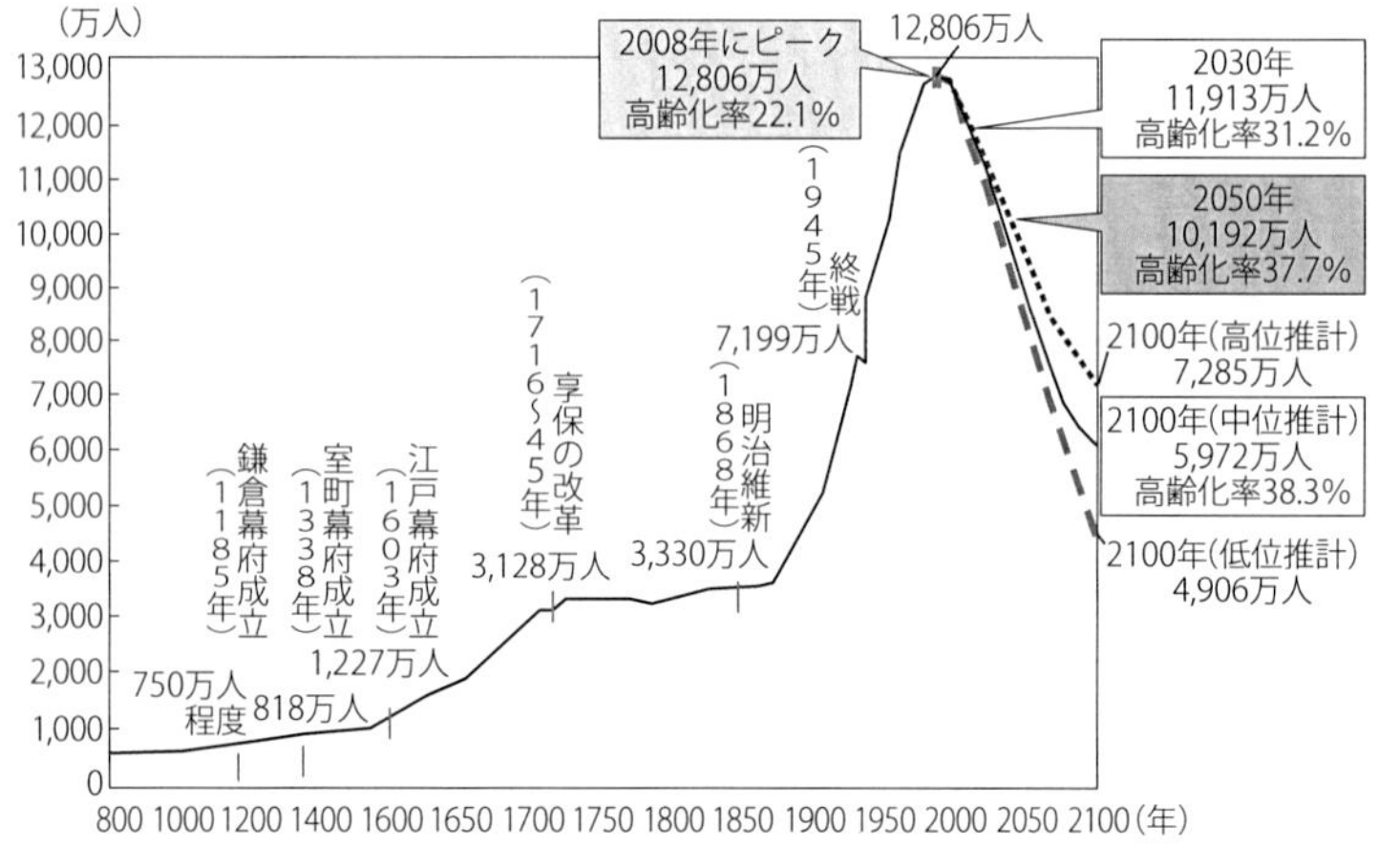

図１－１　人口の長期的トレンド

出所：塩見英治「高齢・少子化時代の交通」『人口と公共政策』p.385

などで克服してきた。だが、24時間営業だけに、就労面などでの長期的な課題を持っているが、利便性の向上に次の要素が正の方向に作用した。第一は、立地上の変化である。生産人口が多い時代はモータリゼーションが中心であったが、徒歩や公共交通を含め、多様な移動手段に対応しなければならなくなった。駅前の出店はあるものの、主たる店舗は住宅街やオフィス街の近郊に立地した。

第二は社会経済環境の作用であり、特に、経済活動の変化があげられる。失われた30年とも言われる長期経済の停滞だ。GDPが伸びず消費活動も活発でない中で、小売業の活動にも影響を与えてきた。比較的、商品価格が高い百貨店が凋落し、安価のスーパー、100円ショップ、ユニクロなどが健闘している。この中にあって、コンビニは値引きが少なく、比較的、商品の値段が高くても、居住地に近い、いつでもあいている便利さ、商品開発などで健闘してきた。携帯などによって情報過多になり、通販もある今日、価格設定も大事になり、新たな戦略が求められるようになっている。

第三に、コンビニを巡る社会環境の変化として、人々の意識の変化があげられる。環境保全やシェアリングエコノミー、ボランティア、モノ消費よりもコト消費、長寿に伴う健康に対する意識も高まっており、商品開発に活かす工夫が求められている。

これらの経済社会環境を前提に、小売業の発展過程を考察してみよう。欧米の小売業の発展過程には、3つの分水嶺があるという[2]。第一は、18世紀の半ばから後半にかけての産業革命を背景にした時期である。都市化とモータリゼーションが進展し、小売業は、百貨店が中心であった。百貨店の展開はフランスにみられ、社会運動の一環として、生活協同組合設立の機運もあった。それは20世紀以降の高度産業社会の時期で、小売業では仕入れと販売の機能的分業が進展し、チェーンストア方式が定着した。量販店が主導するスーパー全盛の時代である。モータリゼーションの進展と都市化とが相まって、スーパーが郊外に立地し、冷蔵庫との普及とともに、人々はまとめ買いをするようになった。小規模な店舗は近隣にあったが、買い忘れ、臨時の買い物先として、補助的存在であった。第三は、20世紀末以降のデジタル社会で、通販などの販売方式が普及する。

参考までに、それ以前を辿ると、後進国であった日本は、キャッチアップの発展経路を辿る。明治期に、百貨店の一時的発展はあるが、本格的な百貨店の発展は第二次世界大戦後の1950年代。総合量販店がチェーンストアの経営組織革新を掲げて興隆するのは、1950年代末から1960年代のはじめ。メーカーとの協調的商品開発、日本独特のコンビニのマス・マーチャンダイジング・システムも、流通革新を伴って発展した。コンビニは、米国モデルを一部、模倣しつつも、大部分が独自に改良した事業展開であった(3)。以後、景気変動に影響されつつも、スーパーなどの量販店とコンビニの競争は続く。競争の結果、コンビニは躍進し、一方、百貨店の売上げは低迷する。20世紀末になると、欧米と時を同じくしてICT革新が生じ、e−コマースが台頭、通販が進展する。なお、この段階にあっても、コンビニは戦略を生かし、健闘を見せる。なお、小売業の売上げの推移の比較、コンビニの店舗数推移は、図1−2−1〜2の通りである。

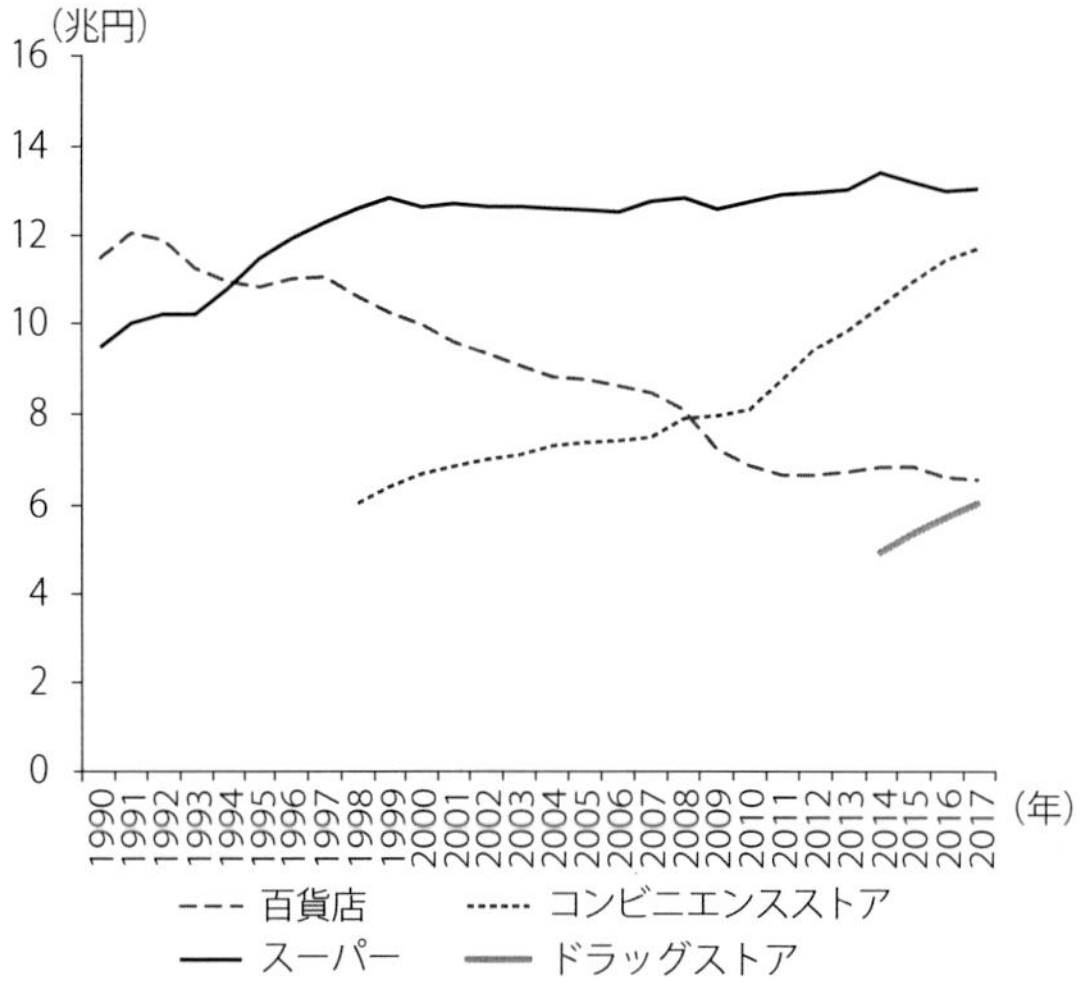

図１－２－１　小売業の売上げ推移の比較

出所：日本フランチャイズチェーンストア協会「コンビニエンスストア統計データ」の資料（Jagat.or.jp）による。

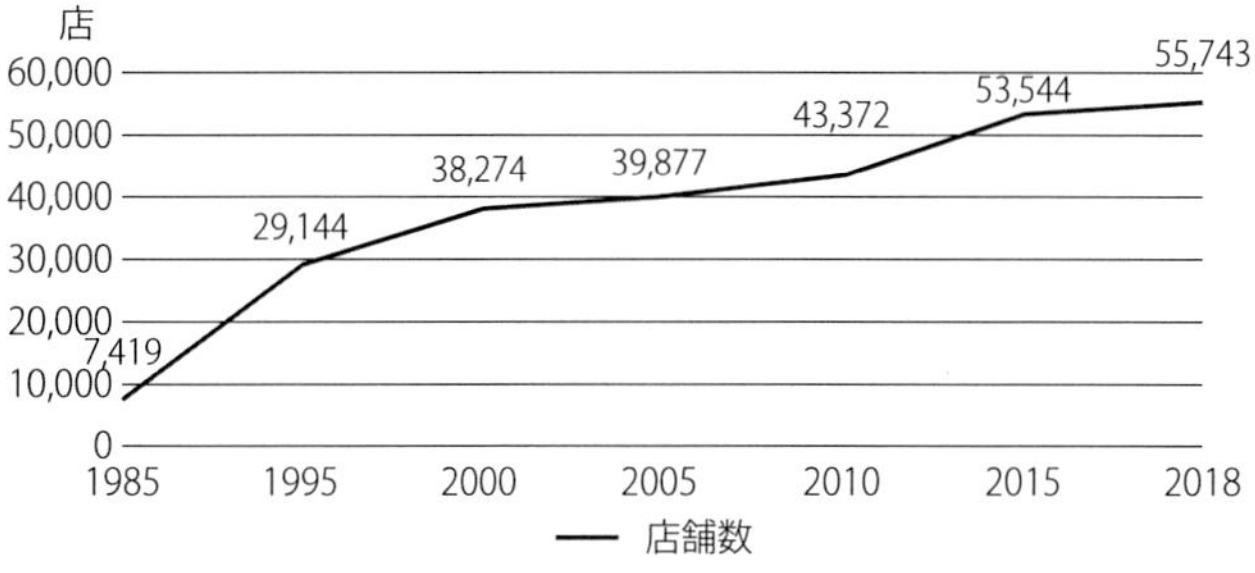

図１－２－２　コンビニの店舗数推移

出所：日本フランチャイズチェーンストア協会「コンビニエンスストア統計データ」による。

2. コンビニの発展過程

コンビニの発展時期は、店舗数と利益動向、戦略の展開に区分して整理できる。(4)

店舗数は、89年までの漸増の傾向を経て、89年以降の右肩上がりの成長と99年以降の停滞成長を辿り、2009年以降のさらなる成長の過程段階に整理できる。戦略の展開は、セブンイレブンが情報システム化に取り組む1976年を境に、それ以前の準備と試行期、それ以後の情報化戦略の進展とあいまった物流の進展期、2000年以降の飽和打開のための客層の転換とマーチャンダイジングと商品・サービス開発の展開期に整理できる。図1－3～5はコンビニ大手3社の利益額の推移を示している。

両方の要素を入れて整理すると、①導入期　②前期の成長期、③ピークを含むさらなる成長期とその後の停滞期、④需要飽和を経た新たな成長期、に整理できる。以下、この区分を意識して、日本で独自の発展を見せるコンビニの発展過程を検討する。

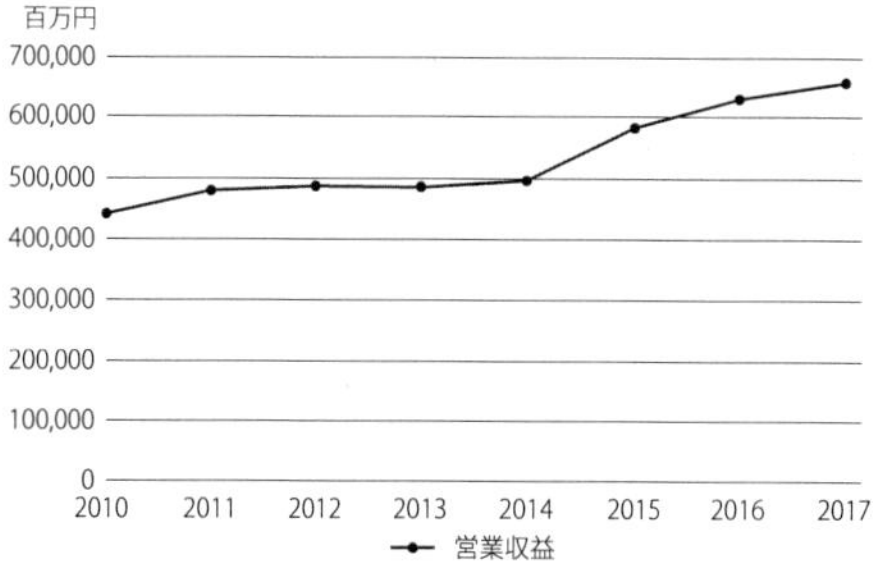

図１－３　セブンイレブンの営業収益の推移

出所：同社の営業報告書による。

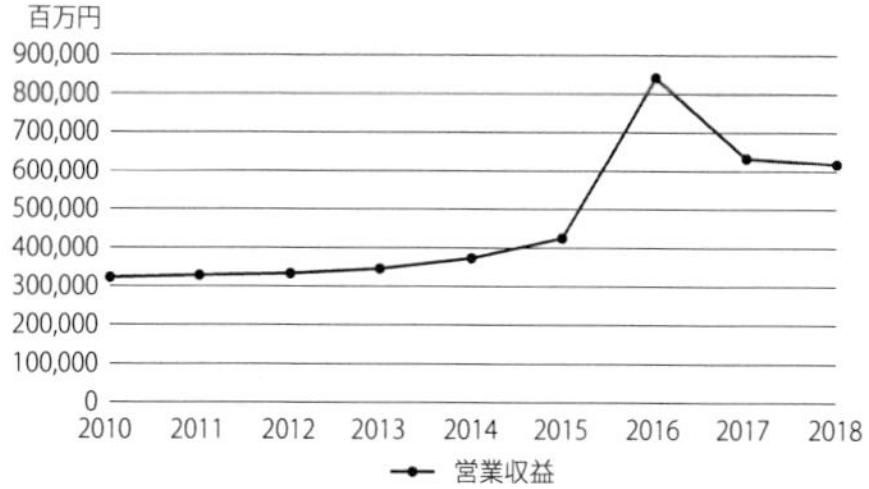

図１－４　ファミリーマート営業収益の推移

出所：UFHD 統合レポートによる。

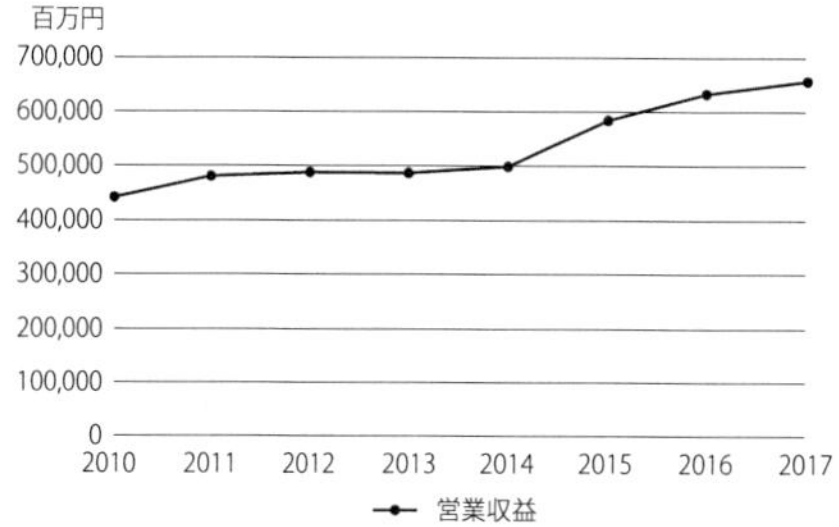

図１－５　ローソン営業収益の推移

出所：同社の営業報告書による。

（1）導入期（1969－76年）

コンビニ設立の1960年代後半は、スーパーなど量販店が大型化し高度の多角化を展開した時期であった。スーパーの急成長は、問屋のチェーン化などによるものだった。大手のスーパーは、大店舗規制法の規制で、都市部での立地が制約されていたため、その法律の制約を克服し、小回りのきくコンビニでの進出を果たす。1974年のセブン・イレブンに続き、1975年にダイエーのローソン、1978年に西友のファミリーマートが設立された。セブン・イレブンは、アメリカのビジネス方式の導入であったが、一部の模倣にとどまり、ほかの多くは経営風土に合うように改良された。最初は、イトーヨーカ堂に在籍していた鈴木敏文がリーダーを務める調査団の米国調査を踏まえての導入であった。アメリカでは当時、コンビニはスーパーの補完で、自動車社会ならではの郊外に立地していた。日本には特殊な事情があり、大きく2つの要因がある。1つは、1974年施行の大規模小売店舗法（大店法）の影響である。[5]同法は大型小売店の進出による中小小売店の衰退を防ぐために、大型小売店の出店の際に、開店日、店舗面積、閉店時間、休日などを規制するものである大規模小売店舗立地審議会や商業活動調整協議会などによって審議、調整し、これによって大規模小売業の出店が事実上、規制されているため、新しい小規模の小売店舗を作る必要があった。また当時、日本には、アメリカのようなそれに代わる本格的なスーパーが不足していた。2つ目は、当時の日本には、前近代的な零細小売業が多く存在し、生産性が低く、競争力を高める必要があったことに加え、高齢化に伴う後継者不足などの問題が浮き彫りになっていたことである。この間隙をぬって、米国のチェーンオペレーションだけ模倣した日本独自のコンビニが誕生した。イトーヨーカ堂は、サウスランド社と提携し、3つの方針を打ち出している。その後も、各社、試行錯誤が続いた。この時期のコンビニは、次のような方式をとっている。①立地は徒歩5分から10分で来店できる住宅地周辺。第一次商圏は500m程度、②店舗面積は地価、土地確保の可能性、経営効率から考えて300㎡以下、③品揃えは一品目あたりのブランド数の絞り込みが必要。最寄り品とそれに準ずる生活必需品が主体で、一般食料、日用雑貨、軽衣料品、薬粧品、たばこ、酒などとする。生鮮食料品はセルフ販売ができるもののみとする。④営業時間は地域内のスーパーマーケット、ならびに一般小売業よりも長く、年中無休を原則とする。ただし、当該地域に確立された休日などの慣行がある場合は、できるだけこれを尊重する。[6] ⑤従業員は一人の管理者に若干名の店員が基本。およびパートの採用も必要。⑥組織形態はチェーン形態が望ましく、その場合はフランチャイズ・システムの採用が考えられるとした。具体的営業方針は、本部の強力なリーダーシップと指導の下に、各店舗を運営する。⑦顧客との関係はセルフサービスを採用するものの、顧客との密接な人間関係の形成が必要であり、接客精神と技術が重要な意味をもつ。その後まもなく今のコンビニのシンボルともなっている24時間体制、深夜営業に舵をきった。24時間の営業体制には、今では賛否両論がある。以下、この体制のメリット、デメリット、営業実態について論じてみよう。１９７５年からの24時間体制には、背景がある。主に、新しいライフスタイルへの変化、すなわち、労働時間や生活時間の多様化と深夜化である。コンビニは、いつでも開いている利便性が求められた。メリットを評価する賛成意見には、利便性、安全性、雇用の維持、ライフスタイルに適合、といった意見がみられる。利便性は、利用可能性に通じるもので、いつ何時でも、さまざまな商品を購入できる点にある。安全性は、防犯のための「セーフステーション活動」に沿うもので、身の危険や不安を感じた時に立ち寄れば安全であると考えられる。雇用については、昼間の時間帯に拘束される主婦や学生にも雇用の機会を与える。

その時間帯でしか働けない人々にも就労機会を与える。配送など、昼間の混雑した時間帯を避けて効率を追求できることから雇用の機会があり、それに応じることができる可能性がある。ライフスタイルへの対応は、夜・深夜に重点をおいて生活する人が増えていることによるものである。これに反し、デメリットをあげる反対意見がある。そのデメリットには、犯罪の多発、環境の悪化、従業員の健康面の懸念、採算面の懸念などがある。犯罪の発生にかんしては、深夜のコンビニは人通りの少なさ、目撃者が現れにくいことから、強盗や万引きなどの事件が多発する問題である。強盗は、多くは、人目が付きにくい深夜2時から5時までに起こっており、深夜従業員に対する指導や訓練、警察官の巡回などの必要性も出てくる。環境の悪化に関しては、24時間操業することでの多くのエネルギーを消費し、多くの二酸化酸素を排出する関連コストの発生である。また、24時間営業のため、深夜にたむろする若者の出現と、彼らによる騒音が地域住民に影響を与えている。健康面での懸念は、深夜就業による精神面または肉体面での従業員の過重な負担である。採算面での懸念は、地域、店舗によっては、深夜営業で採算がとれる保証がないという問題である。人件費や光熱費はオーナーの負担であり、コンビニのロイヤリティの仕組みは、店舗利益でなく売り上げの粗利益であること、FC契約での24時間営業の義務化などから、24時間という営業時間は回避できない。しかし、利用実態をみると、ほとんどの店舗で、深夜営業中にそれなりの頻度の利用があるし、社会的機能も多い。反面、近年では深夜に就労できる人材を確保するのが困難という問題も抱えている。

　後の時期に属するが、労働問題に敷衍するので、ここに述べておくが、２０１９年2月に、セブン・イレブンのオーナーが、人手不足などを理由に営業時間を短縮し、本部と対立する事例も起きている。[7] 営業時間、24時間制は契約条項にあり、それに背くと違反となるので、今後とも紛争の種になろう。また、最近の政府の政策の動きも影響を与える可能性がある。政府は働き方改革の一環である時間外労働の上限制を、当面、物流部門に限って2024年から導入する。すなわち、時間外労働（休日労働は含まず）の上限が、原則として月45時間、年間360時間となり、臨時的な特別の事情がない限り、これを超えることができなくなる。違反すると、罰則規定も適用されるので(8)、自ずと、深夜の超過労働にも影響が及ぶ。このことから、24時間制の行方が注目される。24時間制の緩和・廃止か、24時間制の中での労働シフト化の問題である。この時間外の上限規制は、コンビニの従業員のみならず、配送のトラック運転手にも及ぶ。とくに、昼間の混雑を避け、夜間就業の運転に従事するトラック運転手にも及ぶ。一方、本部と一部の加盟店オーナーは、深夜の閉店により日中の売り上げの低下、日販の低下を懸念する。こうしたことから、24時間制は今後とも大きな課題になっていくと思われる。

（2）前期の成長期（1977－85年）

この時期には、コンビニは毎年、売り上げを段階的に伸ばす。戦略面での出店戦略が目立ち、この時期にフランチャイズの組織形態も確立した。最新の経営管理方式が導入され、本部は、意欲を発揮するようフランチャイザーをサポートし、教育指導も行われた。商品の仕入れと品揃えなども本部がサポートした。売り上げの増加は、当時の高度成長と女性と若者に照準を合わせた新しいライフ・スタイルに相応する新しい消費市場の開拓にもあった。さらに、一部に閉店時間の短縮傾向と宣伝効果もあり、1980年代以降、市場は、消費者の「買い手市場」へと変質したとされる。

また、情報システムの進展も1980年代以降である。[9] 本格的展開は次期にかかるが、発展の経過がみられる。この時期に、情報システムの整備と相まって物流の共同化と集約化を手掛けている。共同化は温度別管理へと展開していく。POSは発注の精度をあげ、納入の効率のみならず、さまざまなマーケティング情報に活用される。2000年以降、他の大手小売業でも、一般的に活用されている。

（3）ピークを含む成長とその後の停滞期（1985－1990年）

この時期には、店舗数の拡大より、サービス・経営効率の質の向上に努めた。これらは、新商品の開発、情報システムの構築、流通網の整備などに代表され、ファストフードの強化によって高い粗利益の達成を目指した。情報システムの構築では、セブン・イレブンのPOS導入は革新的で、その後、各社の導入が相次いだ。このシステムに対応して、物流面の合理化がなされ、小口発注、多頻度配送の方式がとられるようになった。また、問屋体制の集約、メーカーの系列再編も行われ[10]、商品の供給者が地域ごとに共同出資の配送センターを設置し、効率の高い配送ルートの確立がなされた。さらに、仕入れ、製造、販売面の一部内部化で、コスト削減がなされ、温度別の配送システムも確立した。[11] 出店も継続して行われ、出店・立地戦略で詳しく述べるように、ドミナント方式でのチェーン展開が行われた。また、サービス面での拡大・強化が図られ、公共料金の支払い、小口キャッシングが実現した。さらに、売り場の精度を上げるために、レイアウトと陳列に工夫を凝らすようになった。

（4）飽和を経た新たな成長期（1991年－現在）

1990年代になると、急成長に急ブレーキがかかるようになった。店舗数、売り上げの増加率の低下で、日販額が頭打ちになってきた。1990－1993年の間、バブル崩壊期を除き、毎年3000店の出店があったが、一方、閉店も相次いだ。多産多死である。過密出店による相互の競争に加え、長引く不況もあった。また、ドミナントによる出店効果の制約や日販売り上げの低下があり、売り上げが伸びなくなったが、なんとか克服した。女性の社会進出と高齢化に合わせた市場の開拓と商品開発に伴って、プライベートブランドが増えるようになっている。[12]

大手のコンビニでは、メーカーとの協力関係を進展させた。また、それぞれの地域で好まれる味の工夫をするようになった。セブン・イレブンでは、後述するように、本部のMDと地区MDの連携で、地域特有の商品を開発した。高齢者に対しては、バリアフリーの自動ドア、休憩スペースの設置、冷凍食品や新鮮な野菜や果物の品目を拡大した。2011年の東日本大震災時には営業を迅速に再開させ、生活物資の補給に貢献した。新需要では、2013年にセブンカフェが導入され、売り上げを伸ばし、コーヒーチェーンの市場を奪っていった。その手軽さやコーヒーの嗜好性の高まりから、2014年度末には「セブンカフェ」の販売数が7億杯に達するヒット商品となり、他の大手各社も追随した。(13)

注

(1) 筆者が所属している中央大学経済研究所では、人口動態の分析を行っており、次の著書を刊行した。飯島大邦編著『人口と公共政策』中央大学経済研究所叢書、2022年、384-387ページ。国立社会保障・人口問題研究所の統計より。図1-1もそれをもとにした国土庁の資料により作成されている。

(2) 矢作氏は、西洋社会の歴史を俯瞰し、近代社会を担う消費生活共同組合・百貨店、高度産業社会下での大量生産・大量販売方式に沿うチェーンストア、デジタル社会でのe-コマースの3つの分水嶺があることを示し、日本は、後発のキャッチアップ型の発展の中で、類似経路を辿り、第二分水嶺の後期で

一部のスーパーマーケットとコンビニエンスストアなどの持続的発展の特徴がみられるとしている。矢作敏行（2021）

（3）発生については、一部、アメリカ方式を模倣した。しかし、模倣は、会計を中心とするチェーンオペレーションだけであり、基本的なオペレーションは日本の独自的展開とされる。梅澤聡（2020a）52ページ。

（4）競争戦略についての時期区分は、戦略と需要動向などをとらえた徐文海（2014）と川邉信雄（2003）が参考になる。

（5）大規模小売店舗法は、1974年に施行され、店舗面積500㎡以上の大規模小売業の出店にともない、周辺の中小小売業者の事業活動の機会を保護することを目的に、出店規模や営業時間、日数を調整する法律であった。その後、生活環境の保護を重視する2000年施行の大規模小売店舗立地法に変わった。この背景には、非関税障壁に対する米国の批判など、外圧もあったとされる。

（6）1974年、東京の豊洲1号店でオープンした当初の営業時間は、朝7時から夜11時までの16時間営業であった。大規模小売店舗法の規制によるものである。当時、大型スーパーは、朝9時開店、夜7－8時で営業時間が限定、年間の営業日数も限定されていた。1975年に福島の郡山で初の24時間営業が開始した。今のコンビニは、99％の店舗が24時間の営業である。

（7）セブツー「Business News」（https://www.sevent）、梅沢聡（2020a）、274ページ。

（8）厚生労働省（https://hatarakikatakaikakususume.mhlw.go.jp）、梅澤聡（2020a）、186－190

ページ。

(9) 梅沢聡（２０２０ａ）、１１２－１２３ページ。

(10) 商売の流れには物流と商流があるが、物流機能だけを1つの問屋（卸売業）に集約することを、窓口問屋制という。納品の工数を削減し取引費用を抑え、共同配送でトラック1台当たりの積載量を増やすことで、台数の削減により、環境の改善にもつながる。セブンイレブンを統括する前身のイトーヨーカ堂が１９８９年に導入し、セブンイレブンに引き継がれ、１９９０年代後半に、各所の共同配送センターが設置されるようになった。

(11) 温度別管理は、商品配送の共同化と集約化である。商品管理に必要な温度帯ごとに配送センターを設けて、各センターから一括して各店舗に輸送するシステムである。最近では、大手コンビニ3社による共同化もみられる。

(12) 梅沢聡（２０２０ａ）、１７５－１８５、２１５－２２８ページ。

(13) 「セブンイレブンの横顔（２０２２-２０２３）」、６ページ。梅沢聡（２０２０ａ）、１８６－２１９ページ。

第2章　コンビニと経営戦略の理論

　コンビニの場合、先行したセブンイレブンに大手他社がすぐにキャッチアップして差別化が希薄になり、競争が飽和的になった段階で、改めて、経営戦略の持つ意味について、再考しなければならない。経営戦略の考え方には、大きく2つのとらえ方がある。1つは、ポジショニングアプローチで、マイケル・ポーターに代表されるが、企業はまず、市場でのポジショニング戦略をとり、その戦略に必要な企業行動や資源を構築するという順序の取り方である。[1]これに対して、バーニーに代表される資源ベース・アプローチは、企業内の資源蓄積に注力し、その後、力が備わったところで、ポジショニング戦略に出るとらえ方である。[2]前者は、外部環境を重視し、利益のポテンシャルという点で魅力的な競争構造の業界かどうか見きわめつつ、一定の範囲で内部環境を重視する。後者は、企業内の内部環境を重視し、それら経営資源の優位性を見定める。前者は、守勢的・保守的であり、同質的競争での市場状況、模倣になりやすい市場状況での制約を持つ。後者は、攻勢的である。やはり、ポジショニングと資源を構築する企業行動は、どちらも同時に行わねばならない。具体的に、コンビ二経営に照らし検討してみよう。

ポーターは、業界の構造によって利益が出やすいかどうかを分析するフレームワークとして、5つの競争要因を指摘している。[3]（1）新規参入の脅威、（2）既存競争業者間の敵対関係の深さ、（3）代替品からの圧力、（4）買い手の競争力、（5）売り手の交渉力、である。（1）は、「規模の経済」、「巨額の投資」、「流通チャネルの確保」などによって決定される。（1）が大きいほど新規参入の脅威の圧力も大きくなる。大手コンビニには、大きな資金力と投資力、効率的で規模の大きな流通チャネルが備わっている。それと規模の経済以外のコスト差と政府の政策などがある。（2）は新規参入した際に大きな報復を受ける。この報復が大きいと新規参入の脅威の圧力は小さい。この点は、コンビニでは、明確に確証できない。（2）は、同規模の会社がひしめいていれば競争の圧力は高まる。大手は3社で寡占下での競争は激しいが、ひしめいてはいない。業界の成長が早いことも、新規参入の脅威となる。（3）は、大きいと外から現れる脅威が大きく、業界の競争は激しい。取り扱い商品とサービスを拡大しており、この点の影響は小さい。（4）顧客が強い力を発揮できると買い手の脅威の圧力が増すが、価格交渉力を持つほどに力が強いわけでもない。（5）は、仕入れ先などの地位が高いほど、供給業者の脅威の圧力が高まる。この点では、仕入れが集約され、メーカーなども系列化され、脅威が高いわけではない。取扱商品のスイッチングコストも低い。結局、明確なのは、規模の経済の発揮を基軸に資金力と投資額をバックにした参入障壁の高さの存在である。

ポーターはこのポジショニングの分析の上で、利益源泉としての戦略を提示している。競争環境が緩やかな場所にポジショニングすれば、資本コストを上回る利潤を上げることができるが、同質的な過当競争に巻き込まれる場所に陣取ると儲けが少なくなる。現代の経営環境では安泰なポジションを得ることは、長期的には難しい。したがって、ポジショニングは競争に打ち勝つ必要条件であるとしても、それを守る上で必要な経営の組織的能力を磨くことが、競争に打ち勝つ十分条件になると考えられる。ポーターによると、企業戦略は、企業を取り巻く競争要因によって異なるので、唯一の正解はないが、その中でも競争相手に打ち勝つには3つのパターンが示されている。(4)

1つ目の基本戦略は、コストのリーダーシップと呼ばれるコスト面での優位性である。その源泉は、学習効果や規模の経済性を働かせる。他社に先んじて大規模投資をし、仕入れや生産コストの低減をイノベーションや情報革新によって実現する。セブンイレブンの圧倒的優位はこれらに基づく。だが、POSシステムや共同輸送などで他社大手のキャッチアップがあるため、技術変化や環境変化のリスクに弱いという指摘もなされている。変化への対応として、不断のイノベーションが不可欠で、この点で、セブンイレブンの鈴木敏文のリーダーシップは有効に発揮されている。

2つ目の基本戦略は、差別化である。2000年以降、セブンプレミアムなどのPB開発でパッケージデザインが一新するのは差別化の一種だが、PB開発は、後にキャッチアップされる。差別化戦略はコストがかかり、コストのリーダーシップとの両立は難しいとされる。発展過程で、POSの開発とそれによる組織関係の有機的機能の連携は、とりわけ大きな影響をもたらした。製品機能やイメージなどの特徴によって、比較的高価格を維持できるが、模倣をする競争や極端な低価格のリスクにもさらされやすい。商品の性能、デザイン以外に、ブランド・イメージ、サービスの差別化、販売チャネルの差別化も可能であるが、他社にキャッチアップされやすい。

製品の3つ目の基本戦略は集中である。特定の顧客や商品などのターゲットを絞り込み、そこに経営資源を集中する。コンビニは、取り扱い商品と、特定のニーズや対象顧客は限られている。当初は効果があるが、これもキャッチアップされやすいといえよう。市場への経営資源の集中によって、競争の優位性は確保される。情報技術の活用は、新たな顧客機会の創造を生み出していった。だが、市場の特異性の存在によって左右され、全体の市場シェアでの優位性が確保されるわけではない。ポーターは、3つの基本戦略を同時に満たすのは難しく、どれかを満たすのが必要だと指摘している。市場の成熟状況に影響を受ける。

これに対し、前述した資源制約アプローチの系列の、バーニーなどのリソース・ベース理論は、企業が有する内部資源、活用する組織能力を重視する。中でも、ケイパビリティは、模倣困難で優位性を決定づける。[5] バーニーが提唱するＶＲＩＯ分析は、企業の経営資源を①経済価値（Value）、②希少性（Rareness）、③模倣可能性（Imitability）、④組織（Organization）といった4つの視点に分ける。①は、どれだけの価値があるかの見極めである。②は、市場の中で、どれだけの希少性があるか、③は他社が模倣しやすいか、④は、活用できる組織体系がそなわっているかの見極めである。本部と加盟店との連携、本部企画部と加盟店の指導に当たるオペレーション・フィールド・カウンセラー（ＯＦＣ）との連携、ＯＦＣの会議とＯＦＣを組織するマネージャー会議との有機的連携が重要である。分析によって、プラスの部分の戦略の武器を手に入れることができるとする。この点で、セブン・イレブンの本部とＭＤの連携や組織間の有機的会議は有効に作用したといえる。企業の資源や能力について、ハメルやコトラーは、顧客に対し、他社にマネのできない、自社ならではの価値を提供する企業の中核的な力を意味するコア・コンピタンスという考え方を提唱している。[6]

コロナ禍の巣ごもりの中、折からのデジタルの波に乗り、大手各社は、差別化の戦略にデジタルテクノロジーを駆使するようになっている。新たな戦略をもたらしたのは、とくに、インターネット、コンピューター、携帯の普及であった。今では、強力なコンピューター処理能力、オープンソース・ソフトウエア、高速インターネット、クラウドコンピューティング、モバイル機器の普及、ビッグデータの処理、ロボットの活用など、すべての基盤が揃っている。[7] コトラーは、これらを駆使したホリテック（全体的な）マーケティングを提唱している。顧客中心のマーケティングでもあり、顧客が感じる身体的・精神的な感動や共感をとらえ経験行為を生かすマーケティングである。価値を創造し、これらを可視化して顧客に提供する。社会の中では、個人間のつながりや、開放的なつながりの意義が重要になる。これらのテクノロジーは、フラットで普及しやすいために、先行投資が戦略の決め手となる。今日の先進的なテクノロジーは、ビッグデータのように、人間の学習の仕方を模倣するよう洗練されてきており、ＩｏＴやブロックチェーンで人間の社会関係を再現し、リアルタイムでの市場調査を行い、迅速にパーソナルなマーケティングを実行できる。顧客ごとにカスタマイズして提供されるサービスである。商品開発についても、アンゾフは多角化を成長戦略の1つとしてとらえ、事業を市場と技術に分類したうえで、市場を既存企業と新規市場に、技術を既存技術と新技術とに分け、製品・市場戦略を4つの構成で分析した。[8] これに対し、ＰＢ戦略の章で詳しく述べるチャン・キムとレネ・モボルニューの提唱するブルー・オーシャン戦略は、既存の技術や商品を改良した上での市場の開拓を提唱する。[9] 製品管理では、試作品で販売予測を行い、顧客の反応を分析し、ブランドを構築できる。現場のスタッフも、自動化によって人力を解放できる。組織はこれらのリアルタイムの分析に相応すべく、アジャイルに組み立てなければならない。

◎大手コンビニ戦略の特徴と課題⑩

【セブン・イレブン】

売り上げと店舗数が最大手で、Seven & holding の子会社となっている。アメリから経営手法を導入した日本のコンビニの発祥でもある。典型的なドミナント出店で、店舗数と売り上げシェアを拡張してきた。また、ＰＯＳシステムの普及、物流システムの革新で先陣を切り、２０００年代以降では、ＰＢブランドによる差別化に力を注ぐ。２０００年後期以降のＰＢは、セブンプレミアムと銘売って売り込み、これには、主婦と高齢者向けの商品が含まれる。一方で、地域住民の暮らしをサポートし、高齢者や働く女性へと販売のターゲットを移す。他のサービスには、高齢者の見守り、買い物支援、クリーニング、掃除サポートなどが含まれる。また、２０００年以降、原価15％のロスを本部が支払う方向に舵を切り、食品添加物を一掃したため、プレミアム商品は売り上げを伸ばした。ＯＦＣが機能し、本部のフランチャイズへのバックアップも働いている。ＰＯＳによる単品管理が徹底し、企画面での仮説設定、実行、検証がなされ、未来志向、イノベーションの仕掛けが見られる。

【ローソン】

ダイエーの親会社体制から分離し、株式会社ローソンへと商号変更の経緯を辿っている。店舗数は3位であり、ターゲティング戦略で地域顧客を獲得している。また、商品開発では健康戦略で差別化を図っている。目玉商品としてからあげくんがあり、一部、廉価な惣菜を扱っている。生鮮食料品は野菜類も拡大している。他のコンビニと比べ、海外進出が遅れている。また、7つの支社で、支社長への権限委譲が行われ、地域に密着した経営戦略が見られる。2010年には多店舗経営オーナー、2011年にはグループ制も導入した。カード分析、ネットショッピングにも力を入れており、薬局併設などにも新展開が見られる。

【ファミリーマート】

西友ストアの実験店舗から始まり、独立して株式会社ファミリーマートとなった日本育ちのコンビニである。店舗数では第2位で、サークルKサンクスとの経営統合を経ている。経営統合により勢力を拡大し、一社完結でないのがビジネスの特徴ともいえる。ファミリーマートコレクションと称されるように、比較的プライベートブランドが充実している。Tポイントカードとの連携で売り上げを伸ばし、2000年以降、加盟店の意識改革を図っている。基本商品に強みを発揮し、ブランディング活動を活発化している。比較的早くから海外展開をしており、海外店舗網も多い。最近では、多くのポイント提供会社と手を組んだファミペイで、事業の成果を出している。

しかし、主要な物流・情報の戦略、出店戦略、ＰＢ戦略は横並びで、どの大手も新規出店などによる成長には頼れない時代になっている。

注

（1）M. E. Porter（1985）.
（2）J. B. Barney（2020）.
（3）M. E. Porter（1985）pp.4-8.
（4）M. E. Porter（1985）pp.12-14.
（5）M. E. Porter（1985）pp.12-14.
（6）J. B. Barney（2020）pp.62-95.
（7）P. Kotler（2021）, pp.181-194.
（8）中村元一監訳、田中英之他訳（２００７）『アンゾフ戦略経営論』中央経済社、３０２－３０７ページ

(H. L. Ansoff (2007), *Strategic Management*, Macmillan.)

（9）有賀優子、W・チャン・キム、レネ・モボリニュ（２０１５）。

（10）大手の戦略の分析は，吉岡秀子（２０１２）などが参考になる。「セブン・ファミマ・ローソン経営戦略を徹底比較」(https://www.sbbit.jp)。

第3章　コンビニの物流と情報の革新

1．情報システムとロジスティクスシステムの重要性

コンビニの小売業としての革新は、コンビニの組織、立地戦略、商品管理、情報とロジスティクスの変革に負うところが多いが、最も影響を与えているのが、情報とロジスティクスである。これらの先導はセブン・イレブンで、1980年以降の取り組みで、2000年以降は一般化している。代表的なものは、物流基盤と情報ネットワークの整備である。とくに、物流拠点の整備と配送の効率化、POSシステムと温度別管理、共同配送は、大きな影響を与えた。最近は、デジタルの進展につれ、電子商取引やDXへの取り組みが大きな影響を与えている。これらの動向と課題について、考察してみよう。

販売時点の即時情報を最も先進的に取り入れているのが、コンビニである。コンビニは、他の小売業態に比べて、店舗ネットワークをいかすため、最先端のロジスティクス・システム、情報システムの基盤を常に整備してきた。最先端の情報システムとロジスティクス・シ

ステムの導入が店舗ネットワークの急拡大を可能にしたといえる。ＰＯＳシステムによる単品管理をいち早く導入し、極力少ない在庫で、在庫切れによる販売機会を逃さない。店頭での販売時点での管理を徹底的に行い、売れ筋商品を前提に確実に品揃えする商品管理を徹底させ、商品群の特性に応じて多頻度、少頻度を組み合わせた計画配送などを実現している。各店舗が発注した情報は、本部のホストコンピュータを通じて、供給業者に伝達される。この販売と在庫情報をもとに、商品は供給業者から共同配送センターを経由して、各店舗に納品されることとなる。この一連の動きが機能することによって、コンビニのロジスティクスの効率化が成立している。顧客の買い物行動をとらえる情報による即応性ニーズと実需の把握が肝要である(1)。

コンビニは、限られた店舗空間の中で基本的に過剰在庫を抱えず、在庫のバックヤードもない。商品の種類は約３０００弱と他の業態に比べると少ないものの、食料品、日用雑貨、惣菜・弁当等と多品種にわたっている。そのため、取引を集約し、取引コストを削減することが進められた。取引供給業者がばらばらに納入した場合、車両数は膨大になる。供給業者数が集約化され、配送は専用の共同配送センターを設置のうえ、温度別管理で効率的に行われる。共同輸送の延長上に、温度別管理がある。常温、5℃のチルド、20℃の米飯、マイナス20℃のフローズンの各温度帯別の品目の枠を超えた共同配送に取り組んできた。さらに

5℃のチルド、20℃の米飯という違う温度帯の商品を1台で運んでいる。例えばセブン・イレブンの1日1店舗当たり配送車両数は、創業当時は100台近くあったが、2010年には10台弱で済んでいる。これは、環境負荷の軽減につながっている。こうしたロジスティクスの効率化が、現在普及している。

配送の効率化は、店舗間の商圏を隣接するように集中出店させるドミナント（高密度多店舗出店）方式にも結び付いている。これは、加盟店の相互の売り上げに響き、しばしば独占禁止法との関係で問題にされるが、契約にもあるように、知名度の向上、管理効率の向上、広告効率の向上のみならず、物流効率に貢献している。同じ品質で米飯を提供するため、専用工場から店舗までの距離を考慮するほか、ほかの商品でも配送効率を良くしている。(2)

2. コンビニの物流特性

コンビニは売れ筋の品を揃えている。セブン・イレブンの場合、仕入れは基本的に、本部の推奨商品から選んで購入する。本部集中仕入れ方式は、独占禁止法の視点から、一部問題にされるが、スケールメリットを追求できるとともに、サプライヤーとのコミュニケーションが改善され、商品の売れ行きに関する情報を新商品開発に活用できるメリットもある。一般に、加工食品、日配品、飲料、お菓子、日用品などの新商品が多く、毎週100品目が新たに加わるが、このことは毎週100品目消えていくということにもなる。そのため、年間でみた場合の入れ替え率は70％、すなわち去年と比べた場合、去年と同じ商品は30％しかなく、あとは全部入れ替わっているということになる。顧客の販売行動に沿って、、市場環境に応じて、柔軟に対応している(3)。

すなわち、定番商品というのは少なく、斬新さを提供している点が特徴的である。このように新商品を多く導入し、かつその大半が入れ替わっていくという売り方は、メーカーの在庫戦略を非常に難しくしている。新商品を売る場合、メーカーは欠品が許されない。売れ行きが良く、大量に注文が来た時に、欠品をしないことを強く要請される。しかしながら、実態として、ほとんどの新商品は、2、3週間で棚から消えていく。セブン・イレブンの各店舗で、販売打ち切りになったとたんに、多くの商品が返品されることから、コンビニは、大量に新商品を導入し、大量に返品を繰り返しているといえる(4)。

3. セブン・イレブンの物流体制

セブン・イレブンの物流体制の特徴として、大きく2点ある。1点目は、必要な商品を、必要な量、必要な時に、良い状態で納品することである。コンビニは24時間営業であり、かつ店舗スペースの関係から在庫をほとんど持てない。これを支えるのが、適切で効率的な物流と情報システムである。消費者の需要に迅速に対応し、店舗が必要とするタイミングで商品供給がなされることが重要となる。そのためには物流体制を支える情報システムも重要となる。セブン・イレブンでは、物流体制の構築とともに、情報システムのインフラ整備を先進的に実施してきた。効率の達成は、物流と情報の改善の融合の結果といえる。

生産と在庫投資の意思決定に関する延期―投機の説明は、矢作氏の事例と理論的説明が明快である。(5) 延期は、ある商品の形態決定と在庫投資が引き延ばされ、購買需要の発生する直前や、購買需要が実際に発生した時点で行われる。これに対して投機は、それらの決定が事前に行われる。このため、延期化でできるだけ不確実を減らすのである。これには、直前の顧客情報の把握が役に立つ。セブン・イレブンでは、できるだけ実需に併せて対応する。この戦略は、投機の延期化の考え方に沿う。膨大なデータ処理で直前や過去の購買行動について整理して、それぞれ必要なデータがメーカー、配送センターに速やかに配信され注文される。「店舗が必要なときに納品する」というのが原則である。1日に数回配送している、米飯関連、チルド関連の商品の納品形態については、それぞれ「最もニーズの高い時間帯」に合わせて納品を実施している。このように注文時刻に合わせて製造も行っており、製造タイムスケジュールが定められている。店舗で購入するお客さんの時間帯に商品を提供するため、川下から川上に向かって、すべてのスケジューリングがなされ、理論的には、投機の原理にもとづいている。発注精度を上げ、配送の効率を上げるために、「仮説」を立て、リアルデータで検証、実行することが行われている。[6]

また、製造数を決定する店舗による発注は、発注から納品のリードタイムが最も短くなるよう、納品便ごとの発注締切り時刻が決められている。規模の経済の発揮も、これによって実現している。昼食用の納品時刻は、8時~11時なのに対して、納品便の発注締切り時刻は、最終的には前日の18時である。

前日の営業中、日中の商品動向を確認し、17時に気象庁などから発表される翌日の天気予報の最新版をチェック、さらに、近隣で開催される催し物などの情報も確認し、最終的に18時を翌日昼便の納品数量最終発注締切り時刻としており、機会ロス、廃棄ロスを削減している。このように店舗の営業状況と発注、メーカーの製造と物流が一体となって、店舗への納品がされている。消費者ニーズ起点のロジスティクスを最も先進的に取り入れているといえる。

セブン・イレブンの2番目の特徴は、店舗での受け入れや、納品に関する作業を効率化することである。24時間の営業中に、配送センターからの納品作業が行われると、納品作業とレジ接客が同時に発生する。さらに、商品は、商品管理温度や販売期限時刻が厳格に定められている。前工程の物流段階で、後工程の納品作業がしやすいようにしており、それぞれの商品によって専用の通い箱に仕分けて、商品配送を行っている。通い箱による納品により、商品の検品や陳列棚、オープンケースへの陳列作業が効率化されている。配送センター自体も、最近ではデジタル・ピッキング、電子化した受注伝票で効率を上げている。[7]

4. 物流と出店戦略

コンビニの物流システムの特徴は、物流センターなどの拠点での取引先の集約化、メーカー・ケース・ロットの縮小、受発注業務の電子的処理で効率をあげていることに示されるが、店舗段階では、集中出店戦略によって、店舗密度を高めることで多頻度小口配送を可能とし、さらに温度帯別共同配送を実施している。セブン・イレブンは先に指摘したように、店舗間の商圏を隣接するように集中出店させるドミナント（高密度多店舗出店）方式をとっている。これは、競合参入対策のためにも、契約上やむをえない対応である。これが、仕入れ・配送の物流面の効率化に役立った。[8]

セブン・イレブンは、全都道府県に出店している（２０１９年秋に沖縄に出店）。集中出店戦略もあって、全国展開が遅れたセブン・イレブンは、おにぎりや弁当などを専用工場で製造し、専用車両で運搬している。これらのオリジナル商品は、全国どこのセブン・イレブンで購入しても、同じ品質と賞味期限の管理がされている。同じ品質で米飯を提供するため専用工場から店舗までの距離を短くするほか、配送効率を良くするように立地展開している。特に、おにぎりや弁当、サンドイッチなどのように、時間単位で賞味期限を決めている商品は、配送センターから店舗までの配送可能時間が決まってしまう。それを考慮して、セブン・イレブンの出店可能エリアは決定される。コンビニにとって最も大事なことは、毎日毎日、同じ品質で商品を店舗へ届け続けることである。ドミナント方式、高密度集中出店方式は、消費者に商品を認識させ配送効率を上げるのに、不可欠の戦略といえる。

5．温度帯別共同配送

物流近代化の大きな核は、共同輸送の延長上の温度帯別共同配送である。(9) 共同配送は、取引を簡素化し、取引コストを削減するのに効果がある。また、24時間365日に合わせた物流システム、小ロットでの納品体制を柔軟に構築する上において、重要な意味を持っている。従来は、それぞれのメーカーや卸が個別にセブン・イレブン店舗に毎日、365日無休で配送していた。そのため、トラック台数が増えて大きな問題となっていた。共同配送は、各メーカーや卸が、セブン・イレブン用の配送センターに商品を持ち込み、商品を店舗配送用の車両に積み合わせていく仕組みである。創業当時、セブン・イレブン店舗には1日に70台もの車両が納品していた。また当時は、納品された伝票と商品を配送員と店舗の従業員が見比べて検品を行う「立会い検品」が主流であった。共同配送により、当初1日当たり100台弱の配送車両で納品していたのが、共同配送開始とともに約40％削減された。さまざまな商品で共同配送が行われることで納品車両が集約され、現在のように10台弱まで減った。環境負荷の軽減においてもプラスになる。

共同配送の発展において、コンビニ主導、小売主導の物流システム構築というのが重要な点である。セブン・イレブン創業期、商流において商品納入の権限を握っていたのは、メーカー、卸であった。メーカーから販売を委託された特約店の卸のセールスマンが、主導で陳列する商品を決めていた。それを店舗が品揃えを考え、発注数量も決めていく方式に変えた。メーカー、特約店の卸主導のシステムではなく、小売主導のシステムを構築しようとしたのであり、共同配送が重要な意味を持っていた(10)。

チルドの共同物流は、惣菜メーカー、麺メーカー、鮮魚卸の生鮮共配から始まり、牛乳共配が加わり、効率化が図られた。当初の共配は1日1回納品でスタートしたが、売上高と取扱い品目の拡大とともに、生鮮、牛乳とともにその納品回数は1日に2回となった。さらに、ハムやソーセージなど加工肉関連の商品も共配に加わることになり、取扱い品目が増加し、現在、セブン・イレブンのチルド温度帯の共同配送は1日3回となっている。配送回数の増加は、鮮度の保持と向上に不可欠である。

米飯の共同物流は、当初、納品は1日に1回のみであった。需要が多く、1日2回の米飯配送だけでは対応できないということで、従来は個々の米飯工場から配送していたものを集約化し、共同配送にすると同時に、1日3便の納品体制とした。また、加工食品など常温商品については、従来は店舗の地域によって納入業者が違ったが、それを集約し、同じ商品は1つの卸からすべて調達する方式にした。さらに卸を集約していくことによって、共同物流システムを構築した。このように取引の集約は、物流システムの効率化が合わさって達成された。

共同配送を支える配送センターは、全国で300弱となっている。首都圏1都5県は、チルド専用、米飯専用の車両で、店舗への配送を行っている。首都圏以外では、共配センターをそれぞれ単独で設置するのは物流効率が悪いため、米飯のセンターにチルド商品の仕分け室を併設し、「チルド・米飯共配センター」となっている。店舗への配送車両は、車両内を間仕切りの壁で区切り、前と後ろで積載する荷物を分けている。

また、取扱品目数は約3000と、スーパー等に比べると少ないものの、食料品、日用雑貨、惣菜・弁当等と多品種にわたっており、必然的に供給業者数が増える。セブン・イレブ

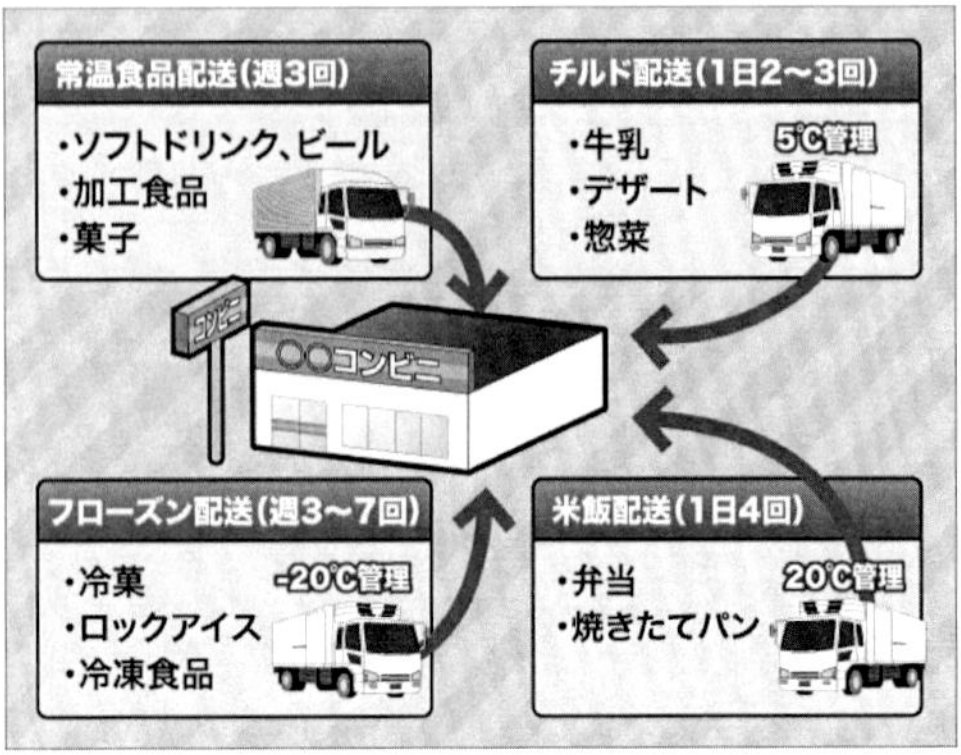

図３－１　温度別管理の輸送

出所：業界別の物流事情―コンビニ物流編（https://www.foods-ch.infomat.com），2014 年 9 月 24 日。

ンの創業期は、卸やメーカーの力が強く、店舗への納品ロットは、メーカーの配送の都合で決まり、原則「ケース単位」での納品となっていた。売場とバックルームが狭く、かつアイテム数が多いコンビニでは、「商品の小分け配送」は大きな課題であった。セブン・イレブンは、取引先である卸の集約、セブン・イレブン向けの専用物流センターの構築など実施することで、セブン・イレブンの店舗にあった形態での納品体制づくりを行ってきたといえる。また、共同配送、取引先である供給業者数の集約化に取り組むことで、多頻度配送というサービス水準を変えずに、積載率を上げ配送車両数の削減を図ってきた。

特に、上記の図のように、温度帯別の共同配送に取り組み、集約化してきたといえる。

セブン・イレブンでは、フローズン商品はマイナス20℃、チルド商品は+5℃、米飯商品は+20℃、常温商品では、夏場のチョコレート、グミ類が+25℃と管理温度が決められており、それぞれの商品温度がプラスマイナス2℃程度に収まるように、製造から店頭までの仕組みを構築している。[11] 現在のコロナ禍では、ライフスタイルの変化などにより、冷凍品の伸びが大きくなっている。[12]

6. 情報システム

セブン・イレブンは、1974年に第1号店を東京都江東区豊洲に出店後、1976年に100店舗、1980年に1000店舗、1984年に2000店舗、1993年に5000店舗、2003年に1万店舗、2007年に小売業として世界最大のチェーン店舗数を達成、2013年に出店数1万5000店舗を突破した。さらに、世界のセブン・イレブン出店数は、5万店舗を突破する。店舗数が多いということは、情報システムの構築が欠かせない。店舗数が増えるということは、店舗のオペレーションはまったく違うということになる。例えば10店舗くらいであれば、業務がシステム化していなくても、あまり影響はない。それが100店舗以上になるとマニュアルも必要であるし、システム化の必要もある。

それに対応した情報システム、物流システムが必要といえる。

このことからも、セブン・イレブンは、コンビニの情報システムの構築に段階的に取り組んでいる。第1次の1978年から1982年の展開では、店舗から発注データを地区事務所、そして本部に送信するネットワークを構築した。今では、インターネットが一般的だが、当時は通信での双方向でのやり取りだけでも画期的だった。そして第2次の1982年から1985年には、単品管理を行うPOSシステムを導入した。POSの導入は、店舗競争力の向上をにらんだものであった[13]。

POSシステムに対応すべく、すべての商品にバーコードをつけて、単品処理を可能にした。これは世界で初めての試みだった。店舗、本部、商品配送センター間での商品の注文・配送・受け取りの結びつきは、図3-2の通りである。

導入当初でも、セブン・イレブンは1000店舗を超えており、その売り上げの管理、発注の管理などを効率的にさばく必要があった。単品処理はその可能性をもたらし、他社が追随したのは、80年代後半以降である。ローソンは、1988年に導入している。セブン・イレブンより遅れること、6年後である。セブン・イレブンはその後、データを双方向にし、画像データなども使えるよう大容量にするなどの展開を図ってきた。

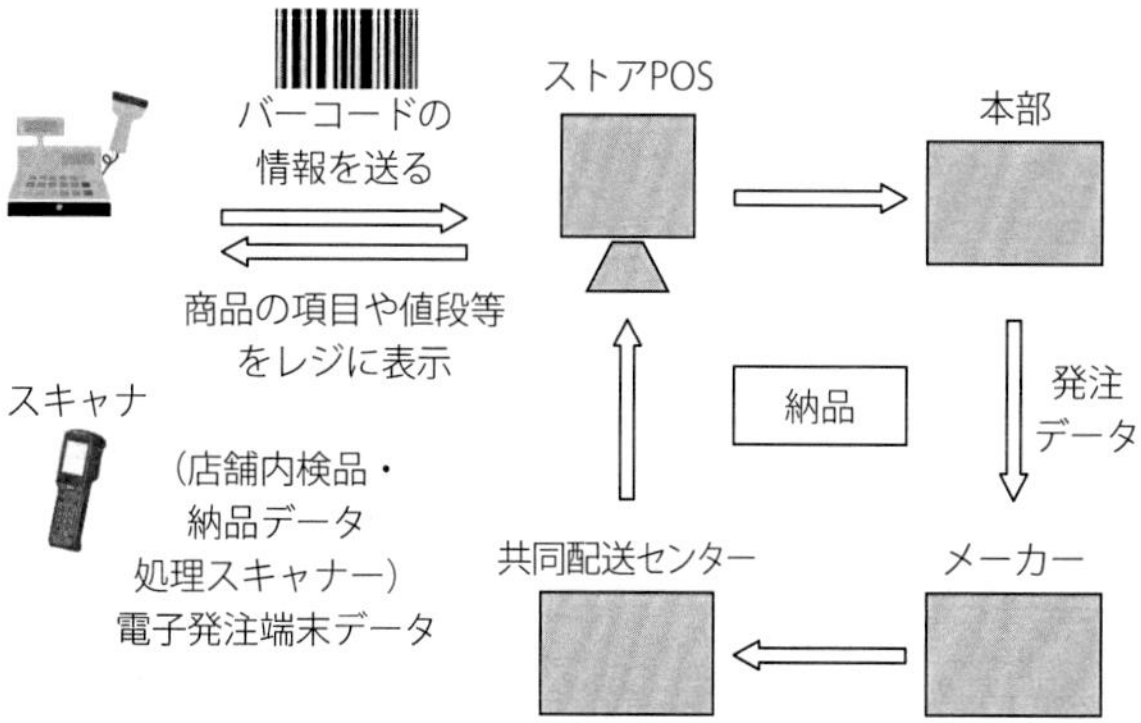

図３－２　コンビニのPOSを起点とする情報システム

出所：著者作成。

7．新しい展開

①配送回数削減[14]

ローソンは、２０２４年３月までに弁当や総菜の店舗への配送を１日３回から２回に減らす。トラック運転手の労働時間規制が24年に強化され、人手を確保できない懸念があるためである。コンビニはきめ細かな商品の補充で欠品などを防ぐことが欠かせず、１日３回の配送体制が競争力の鍵を握ってきた。人手不足でもサービスの質を維持するために、物流網を見直す動きが広がりそうだ。国土交通省も、「総合物流大綱」で配送回数の削減を掲げている。ローソンは深夜と午前、午後に配送しているが、国内の全１万４０００店で深夜と午後便に集約し2回にする。24時間営業するコンビニは、他の大手でも3回の配送が定着しており、全店で配送回数を減らすのは、コンビニ大手で初めてになる。

ローソンは、弁当や総菜の配送だけで約１７００台のトラックを運用している。24年度以降も3回の配送を維持した場合、運転手の増員などで年20億円のコスト増になるとみている。１日2回にすることで、物流コストを現状と同水準に保てると試算している。

配送回数を減らすと補充などが間に合わず、欠品などにつながる可能性がある。そこで、23年度からフランチャイズチェーン加盟店の商品の発注を支援する人工知能（ＡＩ）システムを刷新し、全店に順次導入する。発注量の分析に使う天候や顧客などのデータを増やし、店舗ごとの予測精度を上げて欠品や過剰発注を減らす。

トラックの運転手は、慢性的な人手不足が続く。政府は働き方改革関連法を24年4月から運送業などにも適用し、運転手の時間外労働の上限を月平均80時間とする。運転手不足がより深刻になって輸送能力が減少し、物流網を維持できなくなることが懸念されることから「24年問題」と呼ばれる。

コンビニではセブン・イレブンが3回の配送は維持しながら、一部の店舗で配送時間を人手を確保しやすい深夜帯などに集約している。ファミリーマートも商品を効率的に配送できるルートを作成する独自のＡＩシステムを導入した。食品やドラッグストアでも、物流拠点の拡充など運転手不足の深刻化を見据えて配送網を見直す動きが相次いでいる。

セブン・イレブンは、店舗への午前中の商品配送を廃止する。交通量や来店客が比較的少ない深夜帯に午前の分を回すことで、ドライバーと店舗の負担を減らす狙いだ。商品配送の効率化で二酸化炭素（CO_2）削減にもつなげる。

セブン・イレブンは、深夜と午前、夕方の3つの時間帯で総菜や弁当を配送しているが、このほど沖縄県内の店舗で午前便をなくした。1日に配送する回数は3回のままだが、深夜帯の配送を1回から2回にして午前に届けていた商品を届ける。今後、全国に深夜と夕方の2時間帯への切り替えを広げる。

比較的交通量の少ない深夜に集中して配送することで効率化が進み、沖縄ではトラック1台で回る店舗数が1割程度増えた。また、ドライバー1シフト当たりの労働時間は最大3割削減できた。

これまで午前便と夕方便は同じドライバーが担当していた。午前便の廃止によって浮いた時間を配送センター内の商品仕分けなどに充て、全体の業務効率を改善できた。将来的には、手配するトラックの総数を減らせる可能性もあるとみる。

フランチャイズチェーン（FC）加盟店にとっても仕事の効率化につながるという。来店客の少ない深夜に商品を補充することで、日中は接客に集中できるとみている。

従来は弁当や総菜の消費期限が1日に満たないため、３つの時間帯に分けて配送せざるをえなかった。今後は、ほぼすべての製造工場で食品安全管理規格「ＪＦＳ規格」の取得を進め、日持ちがしにくい弁当・総菜を24時間以上販売できるようにし、大半の弁当・総菜の消費期限を延ばして配送の時間帯を集約する。

②ＡＩ導入⒂

ローソンは２０２３年度中での全国展開を方針として、弁当などの日配品の発注と値引き判断を支援する新たなＡＩ（人工知能）システムの導入を始めた。現在は売り上げ規模で推薦する商品を判断しているが、個店ごとの事情にあった内容に変えるなど、売上高の改善と廃棄の削減の両輪で1店舗当たりの収益力を高める。

新たに導入する発注システムは23年度以降、段階的に全国に拡大する。弁当やおにぎり、カット野菜といった日配品約２５０品目が対象だ。これまで、新商品が出るタイミングで売り上げ規模に応じて導入を推奨する商品を決めていたが、今後はＰＯＳやポイントカードの購買履歴をもとに個店に応じた内容に変える。

また、店舗にある発注用端末に商品ごとの推奨発注量を自動で入力する機能についてもＡＩの判断材料を充実させる。例えば天候では、従来の天気や気温に加えて体感温度や風速を新たに追加する。

22年6〜9月に、東北と関東の200店弱で実験した結果、対象商品の粗利益が5％改善したことから全国への導入を決めた。

ＡＩ発注システムの刷新に合わせて、ＡＩによる値引き判断も全国に順次展開する。ＡＩが店舗ごとの販売実績や天候から売れ行きを予測し、値引きする金額や数量の目安を店舗ごとに知らせる。

コンビニ業界のＡＩ活用については、セブン・イレブンが23年春から全店で、加工食品など約2800品を対象にＡＩが発注量を提案するシステムを導入する。

ファミリーマートは、2023年3月末までに発注をタブレット上のＡＩキャラクターが助言する仕組みを東京都の1000店舗に入れた。23年度中には全国5000店に広げるなど取り組みが活発になっている。

セブン・イレブンは、23年春に人工知能（ＡＩ）による発注支援システムを全店を対象に導入した。ＡＩが各店舗に応じた発注案を作成することで、フランチャイズチェーン（ＦＣ）加盟店の発注作業にかかる時間を約4割減らせる。宅配など店舗のサービスが多様化する中、現場の疲弊はＦＣからの離脱を招きかねない。作業負担を軽減しＦＣの店舗網維持や新規のオーナー獲得につなげる。

さらに、国内全約2万1000店を対象に、カップ麺などの加工食品や雑貨約2800品目の発注業務をAIが支援する。AIがこれまでの売れ筋や気象状況、周辺のイベントの有無などから個店ごとの発注案を作成する。加盟店はこの提案を活用して発注数を決めることができる。

こうした発注作業はFC加盟店オーナーの経験や勘に頼ることが多く、店舗間で欠品の量などにばらつきもあった。セブン・イレブンの平均日販は22年2月期で64万6千円と、さかのぼれる00年度以降で最高だった01年2月期（67万4千円）には届かない状況が続いている。人件費や光熱費など店舗運営コストが上昇しており、日販の底上げが欠かせない。

AIの支援で発注精度を高めたり、現場の働き方を効率化したりして1店舗当たり売上高（平均日販）を高める。

同社によると、埼玉県全域での実験では、週平均10時間30分かかっていた発注時間が6時間30分に減少した。売り場作りの計画や中期の販売計画作成に時間をかけられるようになり、加工食品や雑貨の売上高は合わせて前年同月比3％増えたという。

AI発注を全店で使えるようにするのは、年々コンビニ加盟店の作業が増えていることも背景にある。店頭に並ぶ商品を届ける「7NOW」では、注文が入ると店員が袋詰めして宅配業者に手渡す作業が発生する。24年度にはほぼ全店にあたる2万店規模まで拡大する計画だ。業務の効率化でこうした新サービスを円滑に定着させることが急務だ。

来店客が自分のスマートフォンで商品バーコードを読み取り決済できる「スマホレジ」の導入実験を進めるなど負担軽減策を模索している。

ただ、セブン・イレブンが毎年加盟店に実施するアンケートでは、FC加盟店オーナーのワークライフバランスの項目で「満足している」との回答は21年に60％だった。20年の56％から改善しているものの、約4割がさらなる改善を求めている状況だ。店主の負担を軽減する対応が遅れれば、FCからの離脱や新規店主の募集が滞る懸念がある。

FC加盟店オーナーの長時間労働と人手不足の問題は、24時間営業の是非などを巡り19年に注目された。公正取引委員会が20年に公表した加盟店の実態調査では、業務時間について「非常に辛（つら）い」「どちらかといえば辛い」という回答が6割を超えている。

ローソンが弁当などの自動発注システムにデジタルシステムの導入を進める理由には、2つある。人手不足への対応と作業の合理化である。具体的には、作業量の軽減、定員の負担軽減が目的とされ、不明点は、本部への問い合わせとなる。本部は本部で事務処理に追われており、対応によっては、残業による長時間労働、休日返上で処理する。こうした手間を回避し、IT化で効率的に対応できるものは、それで処理する。IT化での対応は、総括しているスーパーバイザーと店舗側の双方のメリットでもある。負担の軽減、業務の遅滞の回避につなげるためには、システム環境とＩＴ性能、ツールの選定と価値判断、セキュリティの確保などが問題となる。専門知識の熟知の点では、外部委託、アウトソーシングも考えられ、専門スタッフの養成かアウトソーシングの道を考えねばならない。双方にメリットとデメリットがある。メリットは、育成に時間とコストがかからず、今までの社内の業務を遂行しながら最新の専門的知識にアクセスできること、デメリットは、自社の機密情報が漏洩し、ライバルも同じ顧客なら、システムで差別化しにくいことである。このためアウトソーシングには、機密事項の守秘義務などを要する。

合理化の有名な店舗として、ウォークスルー型を採用しているアメリカの「Amazon Go」がある。イメージ的には、商品棚から商品を手に取り、買い物かごやバッグに入れたら、勝手に会計精算されるというもので、万引きや犯罪も起こりにくい。すべてがデジタルＡＩ技術を適用しており、店内の多数のカメラ、マイク、センサーが作動し、顧客をトラッキングする。専用アプリと連動させることにより、店を出ると同時にAmazon アカウントで決済できる仕組みである。メリットとしては、行列待ちの混雑したレジを回避できること、スタッフの手間と作業の削減などがあるが、デメリットとしては、センサーをすり抜ける盗品のスマートフォンの使用などセキュリティの確保、雇用の減少、導入時の設置とメンテナン

図３－３　高輪ゲートウェイの無人コンビニ
出所：筆者撮影。

スの過大なコスト負担があげられる。通常のコンビニ業態では人件費の問題で採算ラインに乗らない店舗でも、一定の売り上げがあれば店舗を維持できるという特徴がある。

日本でも、無人店舗の動きがある（図３－３）。

商品を棚からとると、瞬時に計上され、買った顧客は商品を持ったまま出口に向かい、近くの精算機に交通カードなどの電子マネーをタッチするだけでいい。文字通り、shopping & goである。カメラなどの装備費がかかるので、日販売上との兼ね合いとなる。

首都圏の駅構内やオフィス・マンションなどで、非接触決済が可能なさまざまなコンビニが増えている。これは、ＡＩによる情報分析やＩｏＴを使った状況の判断・連携技術の発達や、２０１７年以降の経済産業省のデジタル利用促進の動きなどが影響している。商品への電子タグの装着を要するので、本来ならサプライチェーンでの対応が求められる。だが、多くのコンビニ店舗は無人でなく、人的対応をしている。店舗・非接触型の販売の仕組みには、Amazon Go のような無人のウォール型と、レジ業務の省力化をもたらすセルフレジ型があるが、日本では、後者の導入が一般的となっている。部分的なレジ作業の省力化と接客の両立、これが日本の現状である。

新しい技術として、ＡＩロボットがある。主に、店舗作業員の負担が大きい飲料補充業務などへの適用で、バックヤードの陳列棚を常時スキャンすることで在庫状況を把握し、その都度、欠品を補充し、売れ行きの優先順位を考慮に入れて陳列する。遠隔操作も可能で、省力化につなげるファミリーマートの試みである。

配送に関しては、ドローンの適用がある。セブン・イレブンは、「セブンイレブンネットコンビニ」経由で受注した商品を店舗でドローンに積み込み、所定の受け取り場所まで無人ドローンが配送する試みである。ドローンによる荷物配送は、２０１８年に無人地帯での目視外飛行（レベル３）に係る制度が整備されたことで、離島、山間部に限って実現している。目視外飛行とは、機体が操縦者の目視の範囲を超えて飛行することを指す。

③共同物流(16)

セブン・イレブンとファミリーマート、ローソンのコンビニ大手3社は、北海道函館市近郊で実施したトラックによる共同配送の実証実験で、1便当たり45％の二酸化炭素（CO_2）削減効果が確認できたと発表した。今後、本格的に統合するかについては未定としている。

22年2月にセブンとファミマ、セブンとローソンの2つの組み合わせでそれぞれ実験した。いずれも札幌市にある物流センターから函館市のセンターへの配送を共同で実施した。2社がそれぞれ輸送する場合に比べ、菓子や加工食品などの配送で1便当たり平均で配送距離は約5割減、配送時間は約2割の短縮となった。また、セブンとローソンが共同で、函館市のセンターから店舗への共同配送も実験した。配送距離や時間が約2割削減されたとしている。実験をとりまとめた流通経済研究所（東京・千代田）の担当者は「CO_2削減効果などは想定通りだったが、発注数などの情報共有は競争力に直結するだけに今後の課題だ。共同配送については慎重に検討する必要がある」と説明している。

④災害対応⑰

セブン・イレブンは、2015年にITを活用した災害対策システム『セブンVIEW』を構築し、災害時の店舗や配送状況を迅速に把握し、早急な復旧に努めている。『セブンVIEW』は「Google マップ」上に、停電等の全店舗の状況、各エリア拠点である地区事務所や工場、配送トラック、サプライチェーンの状況、さらに、あらゆる災害、交通、気象、避難などの情報を一元的かつ自動的に集約できるシステムである。開発当時、台風・地震などの自然災害が多数発生しており、より詳細な地域状況の「見える化」の必要性を感じ、本システムの構築に至っている。新たに、店舗の状況等を加盟店オーナー自身の端末から共有できる『オーナーコミュニケーションアプリ』の導入や、店舗設備を活用した断水状況の把握・予測、佐賀県内の一部店舗に設置した冠水センサによる浸水状況の把握・予測の実証実験も進めている。今後も『セブンＶＩＥＷ』のシステムを拡充し、災害時における店舗との相互連絡や早急な状況把握により、人命を最優先とし、一日も早くお客様に〝近くて便利〟な店舗としてご利用いただけるよう、早期復旧に努めるとしている。

ファミリーマートは、２０２３年、効率的に商品を配送できるルートを提示する独自のＡＩを全国で本格導入する。総走行距離の削減につながり、人件費や燃料代を減らせるとみている。配送コストの過半を占める弁当やサンドイッチなどの商品の配送で活用し、順次、対象の配送商品を増やしている。また、２０２１年10月には、災害時における物資の調達支援に関する協定を東京都とかわしている。

ＡＩ導入で輸送コストを年10億円以上減らせ、CO_2排出量を年１３００トン削減できると試算する。ピークに間に合うように積載効率よりも定時を優先することから、トラックの数を増やす原因になっていた。効率配送の徹底でエリアごとのトラック数を減らせると見込む。コスト削減分は、FC加盟店への納品価格の引き下げ原資などに充てる方針だ。

ローソンもAIを積極的に活用する考えだ。2020年から群馬県内で導入し、兵庫県や愛知県にも対象地域を広げている。導入した地域ではCO_2排出量を約5%、倉庫費用や配送費などの物流コストを約6%、それぞれ減らせた。23年度をメドに店舗の発注量や在庫状況をもとにAIが配送ルートを毎日組み替える仕組みをとり、配送効率を引き上げる。さらに、地域社会との関連で災害救助支援も実施している。

ドライバー不足や配送のCO_2削減に対応するため、国はコンビニチェーンの共同配送の実証実験を進めている。セブン・イレブンなど大手3社も参加するが、どのチェーンの店舗に最初に運ぶかなどで協議がまとまりづらく、実現へのハードルは高い。

⑤広告媒体と情報

さらに最近では、広告の媒体も変わった。従来の主な広告媒体は、新聞・チラシ、ラジオ・テレビ、雑誌などであった。通勤時に通勤者の目につく列車のつり革広告もあった。これらの媒体はものによって存在するが、主役は、スマホとインターネットに取って代わった。従来のメディア広告でなく、個人の嗜好に合わせ、パーソン対パーソンの広告に取って代わった。書籍でも、いったんネットで購入すると、アプリにアクセスすれば、繰り返し画面に表示される。コンビニではどうであろうか。やはり携帯のホームページに掲載されており、登録すると、お勧め商品と蓄積したポイントが表示される。最近は、電子マネーでの支払いも増えているので、携帯を見る機会が多く、スマホアプリの広告は、効果があるものと思う。一方、雑誌、新聞の掲載は少なく、ドミナントの出店は、広告費の節約に一役買っている。同じチェーン店であれば、同じものが購入できる。だが、店先での登り広告や、ガラス窓への紙の展示広告は多く、これらは、「ちょっと、買ってみよう」という衝動を促す。店頭スペースを利用した効果的な広告であり、「リセンシー効果」「反復接触効果」と呼ばれるものである。リセンシーとは、「一人のユーザーに対して繰り返し広告を表示する」ことを意味する。[18] 反復接触効果とともに、日常、目にする場所に、個性的で印象的な広告を高い頻度で表示する。また、店内放送やレジの液晶画面でも流れる。このようにコンビニ広告は、身近な店頭での広告、携帯の画面での広告が主なものといえよう。2022年に改正された改正航空法で、登録されたドローンの有人地帯での目視外飛行（レベル4）が可能になった。ドライバー不足や交通渋滞の問題を回避できると期待されている。日本では、トラックドライバーの間で高齢化が進んでいることも問題になっている。そこで、業務には関係ないが、ファミリーマートは、店舗経由での次世代小型移動手段のキックボードのレンタル貸し出しサービスを、Ｌｕｕｐと資本業務提携し、始める試みがある。一種のシェアサービスである。キックボードは、コロノ禍で、欧米の通勤者に使われた、密と混雑とを避ける移動手段だ。日本も道路交通法の改正によって、２０２４年４月頃には、車道を免許不要、ヘルメットなし、時速30キロで走行できる。日本は道が概して狭いだけに、走行には注意が求められる。

8．コンビニとネット通信販売

インターネット販売は、２０００年以降、宅配便の成長と相まって需要を高めている。インターネット通販はＢtoＣから始まったが、今やＣtoＣやＢtoＢにまで広がっている。インターネット通販は、２０００年以降に急増し、経済産業省の資料によると[19]、２０２０年には、購入物品では日用雑貨が全体の多くを占めている。コロナ禍と高齢化の進展で、この傾向が強まることが予想される。サービス系、デジタル系、物品系が含まれているが、物品系が通称、ネット通販と呼ばれている。また最近では、ネットオークションの市場規模も大きい。ＣtoＣには、ネットオークション、ＢtoＣには、宿泊・旅行、飲食業、娯楽業などが含まれ、アマゾン、楽天市場、ヤフーなどの大手企業のプレゼンスが高まっている。その需要促進の要因には、インターネットと携帯の普及、第二に、送料無料サービスの拡大がある。ネット販売市場の特徴としては、①選択できる柔軟性、求める品質をあらかじめ選定できる点にある。②移動して買い求める必要がなく、そのための交通費が不要で、通信費も安価であること。③店舗規模の制約がなく、品揃えも柔軟にできる点である。ネット販売業者の類型をみると、出店料と売り上げ手数料を収入源とするモール型と自社仕入れを基本とする直販型とがある。直販型は自社仕入れの大きなリスクに加え、在庫投資も大きい。モール型は自社仕入れによるリスクが小さく、取引費用は大きいが、豊富な品ぞろえが期待できる。大きな利益を期待できる反面、豊富な品揃えのために、自前の在庫投資を要する。[20]

　コンビニでも、コロナ禍でｅ－コマースが出てきた。セブン・イレブンは、コンビニで扱う商品をネット上でも販売するｅ－コマースを、２０１０年前後から本格的に展開するようになっている。北海道を中心にサービスを展開しており、２０１９年現在、全国２万店舗で、順次、サービスの展開を見込んでいる。コンビニの場合、店舗でのリアル商品の展示と、仮想店舗との相乗販売効果を期待している。北海道を中心としているのは、セコマに対抗しての過疎対策である。ネットコンビニそのものは、２０１７年に北海道の札幌市内で15店舗でスタートし、セブン・イレブンの２８００品目を扱っている。スマホでの注文により、２時間以内で現物が届くスピード配達のシステムである。配送はセイノーホールディングス100％出資子会社の「ジーニー」が担う。配達料は別途に徴収し、注文最低価格は1000円、送料は216円で、3000円以上購入で送料無料にしている。ローソンは楽天と提携し、2015年からナチュラルローソンを除く全国の加盟店舗で、e－コマースを展開している。

注目されるのは、コンビニは他社のネット通販の注文・受け取り・宅配サービスを取り扱い、手数料を得ていることである。ネットショッピングの普及と、ライフスタイルの変化に対応したサービスといえる。

9．コンビニにおけるDX化の展開

最近ではコンビニも、人手不足の解消と効率化向上のためにDX化を進めている。まず典型の1つが、キャッシュレス決済の導入と促進である。交通系ICカードとクレジットカードに加え、PayPay や LINE Pay、楽天 Pay などによる決済を受け付けている。日本は電子マネーで遅れていたが、マイナンバーカード取得によるポイント制によって、決済比率を上げている。第2はセルフレジの導入である。コロナ禍での非接触もあり感染病の予防対策にも対応している。第3は無人レジの導入である。この場合、セルフレジのようなバーコードの読み取りも不要である。ローソンとパナソニックが開発した「レジロボ」は、専用ボックスに商品を置くだけで決済できる。また、一部時間帯における店舗の無人化もある。人による24時間営業の弊害を回避し、深夜営業での人手不足を解消する施策でもある。これらの無人化では、複数のカメラの設置など多くの資金を要し、また、接客が緊密でないなどの問題点も指摘できる。セブン・イレブンのDX戦略については、ミッションの曖昧さ、統制機能の不足、DXソリューション本部への不信感の顕在化など、課題が多い[21]。

注

(1) 矢作敏行(2021)、165-166ページ。
(2) 笠井清志(2000)、32ページ。
(3) 矢作敏行(1996)、124ページ。
(4) 矢作敏行(1996)、99ページ。
(5) 矢作敏行(1998)、151-154ページ。
(6) 矢作敏行(1996)、65ページ、139-150ページ。
(7) 川辺信雄(2003)、270ページ。
(8) 矢作敏行(1996)、116-121ページ。

(9) 川辺信雄（２００３)、２１９ページ。
(10) 川辺信男（２００３)、２３１-２３３ページ。
(11) 川辺信男（２００３)、２２３-２４２ページ。
(12) セブンイレブン「セブン-イレブンの横顔—２０２２-２０２３」、27ページ。
(13) 矢作敏行（２０２１)、１７８-１７９ページ。
(14) https://www.milt.go.jp, impress.co.jp, nikkei.com。
(15) https://www.nhk.or.jp, https://www.family.com.jp。
(16) https://www.lab.kutikomi.com, https://www.watch.impress.co.jp。
(17) https://www.sej.com.jp,jadi.com, https://www.family.co.jp、http://www.lawson.com.jp。
(18)「全国の大手コンビニ店内にて効果的に広告露出」(https://www.marke-media.net)。
(19) 経済産業省「平成28年度　わが国におけるデータ駆動型社会にかかる基盤整備（電子商取引に関する市場調査)」２０１８年４月、１ページ。
(20) 総務省の報告書（http://www.soumu.go.jp)、２０１０年３月２日の報告書資料による。
(21)『ダイヤモンド』(２０２２)、30-39ページ。『激流』２０２０年４月号、18-31ページ。

第4章　コンビニのＰＢ

1．ＰＢ商品の定義と出現の背景

ＰＢとは、メーカーのブランドを意味するナショナルブランド（ＮＢ）に対比し、プライベートブランドの略称で、小売業・卸売業者が企画し、独自のブランド（商標）で販売する商品である。[1]全国ベースで販売するＮＢと対比される。一般に、小売業は、１９６０年代から、食品、日用品を中心に増加してきた。従来、小売業の品揃えは、ＮＢと呼ばれるメーカー自ら企画・開発・製造した商品が多かった。これに反し、ＰＢが伸びてきた背景には、消費の低迷と低所得者の増加による低価格志向の高まりや、高齢化の進展下での年金受給者の価格への敏感性、原料価格高騰に伴う商品価格値上げへの抵抗感の増加の勢いなどがある。そのほか、流通チャネルにおける小売業などの交渉力の向上などがあげられる。初期の増勢は、イトーヨーカ堂やイオンなどでみられる。卸売り・小売りの交渉力優位は、初期にグループでの業態にみられたが、次第に企業単位の交渉によって実現する。

大野尚弘氏は『PB戦略』で、PB開発を契機と目的別に類型化している。契機について、①NB商品の販売価格を巡る衝突、②景気の後退による低価格需要の拡大、③小売店舗間の競争の激化、PB開発の目的について、①寡占的製造業の価格設定権の奪取、②消費者の低価格への対応と粗利益の確保、③顧客吸引のための戦略商品（店舗差別化）である。(2)

コンビニでは、イトーヨーカ堂グループのセブン・イレブン、ダイエーのグループ企業が1980年代にPBに着手して以来、2000年以降、大手が軒並み、PBを使った戦略を打ち出している。二度のオイルショックやバブル崩壊による景気後退期に活発化している。コンビニでは、1990年代から、食品、日用品を中心に増加傾向を辿る。これまで顧客層を中年男性中心にしていたが需要飽和の打開もあり、低所得者の増加による低価格志向の高まりや、年金生活に入る高齢者の価格や品質に対する敏感性、女性の社会進出に伴う市場の開拓、原料の高騰に伴う商品価格つり上げへの圧力、技術進歩による商品の品質の底上げ、小売店の交渉力の向上も背景にあった。だが、セブンプレミアもあり、一律に低価格とはいえず、最近では、高価格で高品質の商品も見られるようになっている。またコンビニでは、PBに絡み、地域性のある商品項目が増えている。近年、PBは日本でも普及しているが、国際的にみると、日本のPBの普及は遅れていると言われる。(3)

経過を見ると、グループ化戦略とシナジー効果とに結びついている。まず、業種の垣根を越えた連携と統合が実を結んだ例として、イオンとセブン&アイの取り組みがみられる。また、規模の経済を発揮できる大手が有利で、顧客のニーズと環境変化に柔軟に対応できる企業文化が必要である。

2. コンビニにおけるPB商品のメリット・デメリット

メリットとデメリットを整理すると、以下のようになる。メリットとしては、消費者にとっては、NB商品同様、もしくはそれ以上の品質を持つ商品を安価に獲得できること、小売業の立場では、ブランド・エクイティの向上、高い粗利益の獲得、製造業では、余剰ラインの活用、コストの削減、売り上げの安定などの効果があげられる。一方、デメリットとしては、消費者にとっては、商品の選択肢がせばまる、小売業にとっては、在庫の高いリスクとロット数の制約、製造業にとっては、NB商品とのバランス、NB商品の価値の低下、利益率低下のリスクなどがあげられる。(4)

2011年の日本経済新聞社の調査では(5)、性別、年代別に利用者をみると、女性の20代と60代が多く、男性では20代と30代が多い。専門家のアンケートでは、価格と品質についての妥当性の意見が強い。こうしたことから、全体的にPB商品について、積極的評価が強いといえる。もっとも、年代別にみると、消費者のPB商品に対する評価には変化がみられる。2007年以前には、NB商品と比較して品質が低いという評価だったが、2008年から2009年には、NB商品に品質が近いという評価に変わり、2010年以降には、低価格商品だけでなく高価格のものも市場に登場し、高い評価を受けるようになっている。

3. ブルー・オーシャン戦略とPB

PB戦略については、チャン・キムとレネ・モビルニュが提唱したブルー・オーシャン戦略が参考になる。(6) それは、競争のない市場空間を切り開き、新しい市場を掘り起こす戦略である。これは、ライバル企業を打ち負かす戦略でなく、買い手や自社にとって価値を高め、競争のない未知の市場空間を開拓し、ライバルの脅威を直接、意識しない戦略である。これには、差別化と低コストの同時実現が求められる。コストを下げながら、買い手にとっての価値を高めるイノベーションである。その限りでは、単なる商品開発や商品改良ではない。

4．ローソンのPB戦略

コンビニで多様なPB戦略を展開しているのは、売り上げ高2位のローソンである。これらの経過については梅澤氏の著書が簡潔である。(7) ローソンのさまざまな形態のコンビニとして、主に主婦・中高年者をターゲットに、生鮮食品や日用品を均一価格にし、PB商品などを提供するローソンストア100がある。さらに、主に20－30代の女性や健康志向の人をターゲットに、健康志向のPB食品などを取り揃えるナチュラルローソンがある。また、地域ごとのニーズに対応したPB商品や生鮮食品、惣菜を取り揃えるローソンプラスがある。

多様化するニーズに対応するための集中店舗であり、普通店舗では今まであまり来店しなかった主婦、女性をとりこむために、一流店にひけをとらないプレミアムなロールケーキなどのスイーツを提供している。原料メーカーと共同開発し、素材などにこだわって生産することで「モンドセレクション金賞」などを受賞し、これを宣伝媒体に使用して好評を得ている。

5．セブン・イレブンのPB戦略

セブン・イレブンの商品力の展開、ＰＢの開発については、経営レポート、セブンイレブンプレミアム10年史、プロフィール、投資に関する情報に詳しい(8)。以下、これらの資料を参照する。セブン・イレブンのＰＢ戦略は、先駆的であり知名度が高い。強みの１つは、商品力の高さで、飽くなき探究心で品質の向上に努めている。その推進力の核になるのが、本部のチームＭＤ（マーチャンダイジング）の商品開発担当である。原材料メーカー、製造メーカー、ベンダー、包装メーカーなどの協力仲立ちをして、商品開発を進める。グループの商品知識や開発ノウハウを結集することで、シナジー効果が発揮される。スケールメリットを生かした海外調達の促進、グループ商品力の強化、生鮮食品など、共通インフラの活用である。海外調達の促進のために、２０２１年に海外調達部が設立された。また、グループ商品力の強化では、事業会社の垣根を越えた商品開発を可能にしている。共通インフラについては、２０２０年の新会社ヨークを活用し、イトーヨーカ堂、ヨーク、シェルダンの3社の連携強化を図っている。ヨークが推進する店舗フォーマットは「ライブ感」「地域対応」の色を出す「標準型」、品ぞろえの幅の見直しを重視する「都市型」、価格訴求、生産性の向上を重視する「価値対応型」、売り場面積の最大化、売り場・バックルームの効率化を課題にする「中・小型」に分類し、客のニーズに合った店舗づくりを機動的に進めている。

２００７年に「セブンプレミアム」は、セブン＆アイグループのグループ独自の共通ＰＢとして発足した。当初のアイテムは49で、価格優先のＰＢイメージを払拭した。２０２０年度のグループの国内売り上げ約７兆４６００億円のうち、食品売り上げは約４兆６７００億円と約６割を占めている。この商品売り上げのうち、大きく貢献しているのが「セブンプレミアム」である。その比率は、食品売り上げの約25％とされる。年間で販売売り上げが10億円以上の商品が、デイリー日配食品で２０２アイテム、飲料・酒で51アイテム、菓子で25アイテム、加工食品・雑貨で22アイテムとなっている。急速に変化する社会環境の中で、新たな価値創造として、「環境対応」「健康対応」「上質商品」「グローバル対応」の視点を重視している。環境対応では、完全循環型ペットボトルを活用した飲料を開発し、健康対応ではパッケージでの内容表示に努めている。上質商品の開発では、品質向上のためにＭＤが大きな役割を担う。この関連では、２０１０年から、ワンランク上の質を持つ「セブンプレミアム　ゴールド」がスタートした。グローバル対応では、中国、香港、マカオ、台湾、シンガポールのグループ店舗などで、菓子や加工食品、雑貨などが販売されており、英語表記の説明文はあるが、パッケージは日本のデザインである。

「セブンプレミアム」のクオリティ創出を実現するため、第一に、商品開発にあたってベンチマーク（目標・指標）の考え方を取り入れている。第二に、MDを結集したプロジェクト体制、第三に「みえる化」である。どの担当も、科学的・客観的に検討・確認できるよう努めている。

6. セブンプレミアムの商品開発体制とPB

以下、商品開発に関する同社のレポートを参照する。(9) セブン・イレブンは、1980年代から、おでん、おにぎりなどの販売を開始したが、ベンダーと一緒になった取り組みをしていた。さらに、弁当、各地域の特性を生かした地域対応商品についても、協力ベンダーと共同開発した商品を販売していた。ただし、当初のオリジナル商品の開発については、弁当やおにぎりなどが中心であり、中小総菜ベンダーと商品開発を行っていたとされる。その後、店舗数も増え、多頻度小口配送を展開していく中で、従来の惣菜ベンダーだけでは配送面の対応、商品開発力対応ができなくなる。1979年に、商品の品質管理を目的として、大手の米飯ベンダーを中心とした日本デリカフーズ組合を発足させる。生産体制、品質管理のチェックという目的から始めたが、その後チームマーチャンダイジングを支える組織として

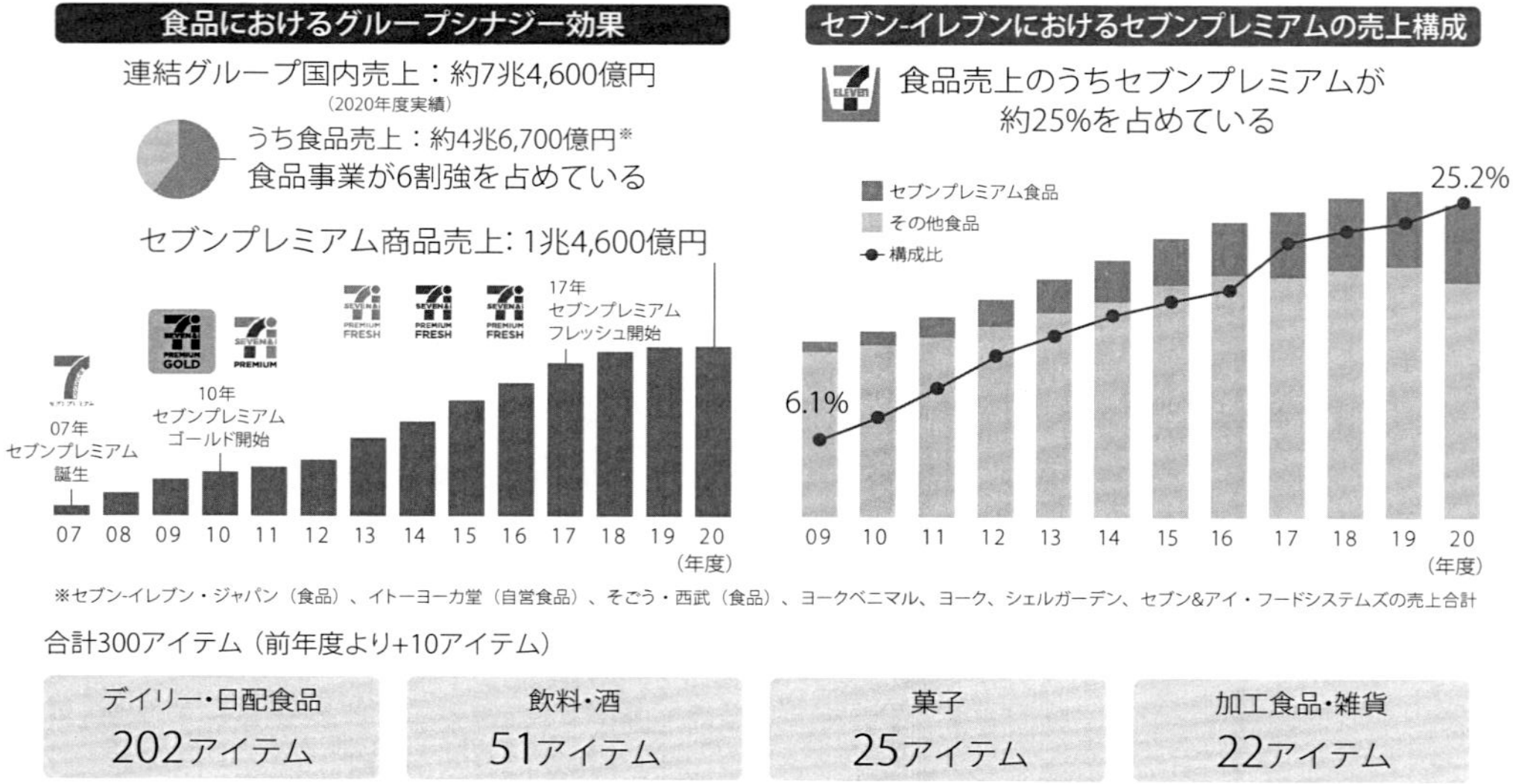

図4－1　セブン・イレブンのPBの構成と推移

出所：セブン＆アイホールディングス，経営レポート（統合報告書）2022年1月12日版，42ページ。

展開していくこととなる。またセブン・イレブンは、大手の有力メーカーとチームとして商品開発をし、商品供給体制を構築するようになる。その際、メーカーのブランドを付けながら、セブン・イレブン向けの商品を販売するといったことも展開していく。共同開発においては、セブン・イレブンは大手メーカーにも専用工場体制構築を要請し、１９８４年にキユーピーが始めたのをきっかけに、ハウス食品、プリマハム、味の素等が、セブン・イレブン専用工場を整備していくこととなる。

それまでの商品開発は、特定のベンダーやメーカーとの共同開発であったが、１９９０年代後半から複数のベンダー、メーカーがチームを組んで商品開発を始める。これら１９９０年代後半から始まった、セブン・イレブン独自商品開発（チームＭＤ）の仕組みをベースとし、「セブンプレミアム」の販売を開始する。「セブンプレミアム」における商品開発では、トップメーカーとの共同開発によりオリジナル商品の導入を積極的に行っている。チームＭＤでは、理想となる商品を開発するために、メーカーの持つ技術力とセブン・イレブンのマーケティング力がフルに活用されていると言われている。

商品開発におけるＰＯＳデータの役割も重要である。チームＭＤにおいては、ＰＯＳデータをはじめとするセブン・イレブンの店頭情報や市場動向から仮説を立て、国内外のメーカー・取引先、物流企業の専門的な情報やノウハウをかけあわせて、フィードバックをくり

図４−２　MDの結びつき

出所：セブンイレブン「セブンイレブンの横顔　2022−2023」，22ページ。

返しながら新商品を開発している。素材の選出から供給ルート、生産ラインの計画・確保まで、それぞれが強みを発揮することで魅力的な商品が生まれる。１商品当たりの売り上げ規模の大きさだけでなく、開発前の検討段階、テストマーケティングにおける検証段階で、国内で最大規模となるＰＯＳデータを利用できることから、メーカーにとっても販売チャネルとして大きな魅力となっている

従来のＰＢ商品の場合、大手ＮＢメーカーに対抗する場合が多かったが、コンビニエンスストアとＮＢメーカーが、共同で開発することとなる。商品開発、生産技術力を持つメーカーと、顧客情報、販売情報を持ち、顧客の細かいニーズを把握している小売業が手を組むことで、より付加価値が高い商品を提供することが可能となる。

「セブンプレミアム」は、ＣＶＳ・ＧＭＳ・

SM・百貨店・外食・専門店など、それぞれの商品知識や調達力を結集し、多様な業態を持つセブン&アイグループの経営資源の強みを活かした商品開発を行っている。同時に、各商品分野で技術力のある有力NBメーカーとの共同開発、最適な生産能力を持つ工場での製造など、グループがそれまで培ってきたチームMDの手法を結集した点が特徴となっている。各社が連携することで、開発、原料調達、生産のサプライチェーン全体での取り組みとして、質向上をめざしている。このような開発は、コスト削減＝低価格を最優先項目としてPB生産専門メーカーなどに委託して商品づくりを行ってきた従来のPBとはまったく違ったものとなっている。セブン&アイグループMD部会は、現在、26部会、約300名の開発体制となっている（2022年3月末時点）。

また、従来のPB商品は販売者名だけを表示していたが、「セブンプレミアム」は、生産者（製造元）のメーカー名を商品に明記している。小売業者の信頼と同時に、メーカーの信頼を得ることとなり、「わかりやすい」「安心して買える」というかたちで支持されたとしている。

「セブンプレミアム」の質向上に向けての取り組みにあたって、次のような体制を敷いている。第一に、商品開発にあたって、「ベンチマーク（目標／指標）」の考え方を取り入れ、客観的な商品分析に基づいて、新商品のクオリティをつくり上げている点。第二に、商品開発はグループ各社の開発担当者であるマーチャンダイザーを結集したプロジェクト体制で進めている点。それぞれの業態や売場からの情報や商品トレンドなどの情報を共有しながら開発を進めることで、開発現場と販売現場の距離を縮めている点。第三に、セブン・イレブンが自主商品の開発にあたって培ってきた「見える化」の手法を取り入れることで、全員が同じ視点で開発過程を共有できるようにしている点。主観に左右されやすい味においても、ベンチマークを用いた商品分析と標準化された商品開発プロセスによって、科学的に検討し、客観的に評価できる体制を作っている。

ニーズ変化への積極的な対応と市場創造にも特徴がみられる。新規商品の開発と並行して、「セブンプレミアム」は既存商品のリニューアルも積極的に行っている。少子高齢化の進展と、単身世帯の増加、女性の社会進出に伴う共働き世帯の増加など、購買行動の変化に対応するため、つねに品揃えとクオリティの見直しを続けている。また、人気商品においても、飽きられないように商品を見直している。

2010年には、ワンランク上のクオリティを目指した「セブンゴールド」ブランドをつくった。味や品質の目標水準を、「人気専門店の味」に設定し、こだわりのある上質な味わいを、手軽に家庭で再現できる商品づくりに取り組んだ。その中から生まれた人気商品が「金のハンバーグ」や「金の食パン」などである。NB商品を上回る品質と価格帯も高い設定の商品であったが、人気商品となり、新たなマーケットを生み出すこととなった。「セブンカフェ」もコンビニコーヒーという新しい市場を開拓した。「セブンプレミアム」のクオリティ戦略は、少子高齢化社会＝マーケットシュリンクという「常識」を打ち破ろうとした点で大きな変革をもたらしたといえる。「セブンプレミアム」は、売場変革、そして新規客層の獲得にも成果を上げている。2008年に始まった小容量の冷凍食品は、セブン・イレブンに女性客層の拡大をもたらし、従来、すぐ食べられる弁当や調理パンなどを主軸としていたセブン・イレブンの売場の中で、調味料、冷凍食品などの販売機会の拡大をもたらした。「セブンプレミアム」は、売場革新もリードしてきたといえる。

7．ファミリーマートのPB

以下、同社のPBに関する情報などを参照する。[10] ファミリーマートの新PBブランドは、2021年からの「ファミマル」で知られており、合計800種類ある。これ以前のPBブランドは、日用品、菓子、加工食品などの「ファミリーマートコレクション」、惣菜や日配品、冷凍食品などの「お母さん食堂」、高付加価値帯の「お母さん食堂プレミアム」の3種で、スイーツなどにも力を入れていた。「ファミマル」の名の下にPBを集約し、商品の広範にわたる質の向上、ブランド力の強化・発言力強化を狙う。2024年までにPB売り上げ比率35％以上をめざすとしている。「おいしい」、「うれしい」、「安心」を追求した商品開発で、弁当や総菜、飲料や日用品など、幅広い品ぞろえを展開している。

このように、2000年以降、大手3社のPBを巡る同質的競争が盛んになっており、差別化に飽和状況が見られる。

8．PB商品の新たな展開

①PB商品のプレミアム化

利益率が高いプライベートブランド（PB）比率は、ローソンとファミリーマートの4割程度に対し、セブン・イレブンは約6割程度といわれている。その中でPB商品は、価格訴求型と質訴求型の両方を展開することとなっている。一方、NBについては従来、コンビニエンスストアはスーパーより価格が高いというのが一般的であった。消費者の低価格志向が強まる中、NBで値下げをする傾向が一般的である。だが、コンビニにおいては、セブン・イレブンのプレミアム商品のように、質の高い価格が張る商品も出ている。

②店内調理化

利用者にとって付加価値の高い食品とは、「できたて」の調理品であるが、素材からの店内調理か工場製造かについては議論がある。セイコーマートのように、北海道で近隣に飲食店が少ないところでは有効である。[11] セブン・イレブンは、店内の厨房は持っておらず、食品工場からの納品である。1日2配送、焼きたてパン工場の増設などで、「できたて」の新鮮さを導入している。その厨房スペース分、売り場面積を拡張し、売り上げを伸ばしている。かたや、ローソンは厨房の店内比率を高めている。ローソンは吸収した企業の経営の気風を継承し、店内調理での「できたて」という付加価値を高めている。これは一種の差別化であり、とくに固定客を引きつけるものになっている。

コンビニは、店内調理する弁当や総菜に注力している。新型コロナウイルス禍で飲食店のデリバリーが定着した結果、消費者はできたてを好む傾向がより強まっている。ローソンは全体の6割にあたる約8400店で店内に厨房を設置している。「海鮮かき揚げ丼」などできたての弁当や総菜を販売する「まちかど厨房」が好調となっている。対応店舗を増やしており、1店舗当たりの売上高も前年比で15%伸びている。従来は朝昼の2回製造であったが、好調な販売を受けて夕方の製造も始めている。

ファミリーマートやセブン・イレブンも、できたてを増やそうとしている。ファミリーマートは四国で焼きたてピザを導入した。注文を受けてから冷凍ピザを専用オーブンで焼き上げ、4分程度で提供する。日販が1割増えたという実績もある。

③地域商品の展開と顧客の評価

地域の産品ブランドもPBブランドの価値を持っており、マーケティングもこの方向で重要性を増している。[12] ブランド力を高めるには、価値戦略として、ストーリーの明示化とコミュニケーションの徹底を必要とする経験価値戦略、ITやロジスティクスなどを活用して価値の差別化を図る品質価値戦略、商品カテゴリーの中の特定ニーズに絞り込んだサブ・カテゴリーの創出を図るカテゴリー価値戦略、新たに創造された市場での新製品である独自価値（先発）戦略があるという。コンビニでの地域商品の開発には、地域内のメーカー、卸売、地区のMDとの連携が求められた。その代表格の商品が、カップ麺、おにぎり、おでん、からあげ弁当であった。カップ麺は、日清カップヌードル、うどんのきつねなどで品ぞろえを図ってきたが、2000年代に入ると、セブン・イレブンと札幌市の「すみれ」、博多の「一風堂」との連携のように、現地の人気店の商品を開発するようになった。ラーメンブームと冷凍食品技術の開発が追い風となり、高額でありながらも人気を博した。おにぎりは富山の「ますの寿司」、北海道の「たらこバター醤油」など、カップ麺は東北地域限定の

「胡麻とラー油の旨味辛い担々麺」などがある。おでんは、1979年にセブン・イレブンが専用の什器を開発し先行したが、その後、冬期には大手各社が提供しており、10月上旬以降、利用が次第に増えていく。利用者が具材を複数の詰め合わせで購入するので、その分、収入が多い。2000年以降、大手各社が、具材とつゆで地域性を示すようになっている。具材は、関西・北陸の「焼き豆腐」、東海・北陸・関東の「つみれ」、東北の「玉こんにゃく」、北海道の「ふき」、関西は「ごぼうてん」、九州は「豚なんこつ」と「まる天」である。つゆは、関西が「昆布」、九州が「あごだし」、北海道は「煮干し」の強化など、東北は「しょうが味噌」である。からあげ弁当は、長野では「野沢菜」、関西では「ちりめん山椒」、中国地方では「牡蠣だし醤油」のご飯へのあしらえが人気を呼んでいる。

一方、需要に合わせたヒット商品も開発される。各種の「焼きたてパン」や「中華まん」である。前者は焼成工場の増設と配送システムの改善、後者はレジ横の簡単な什器の設置に支えられている。最近では、北海道・札幌や兵庫など地方の一流菓子店とのコラボや監修のスイーツも人気を呼んでいる。また、コンビニカフェも爆発的人気で売り上げを伸ばしており、淹れ立ての自動販売機、安価な値段が人気を呼んでいる。

PBの競争は一巡し、利便性で競争に対抗するのは限界を迎えている。コンビニは、PBによる差別化戦略をさらに地域特性に生かしている。セブン・イレブンが2010年9月の発売で先行し、大手各社が追随した。多くが同じ価格帯でありながら、従来のＰＢとは異なり、こだわりのある高品質を志向した。とくにセブン・イレブンは、価格帯が異なる高級品質のプレミアム商品に特徴がある。「ゴールド」「デリシャス」の名称がつき、ロゴやパッケージデザインはアートデレクターが担当している。一方、ローソンは翌年7月に、主婦やシニア層向けに日用品ＰＢ「ローソンセレクト」を発売し、同12月には総菜やサラダを販売した。高級デパートやデパ地下並みの調理済み食品を5％～20％安い価格で販売し、とくに働く女性を引きつけることになった。こうしたＰＢ食品は、需要飽和を打開する新規市場の開拓に効果があったと考えられる。従来のスーパーやコンビニのＮＢの売れ筋商品に比べ、価格は比較的高くなっても、本格的な味をアピールする新戦略が人気を呼んだ。

日本経済新聞の消費動向調査によると、[13] 購入経験の割合は、セブンプレミアムがダントツに高く、ローソンセレクトがこれに次ぐ。男女・年代別の「ゴールド」「デリシャス」の購入経験者の割合では、20歳代の女性に多い。既婚別にみた「ゴールド」の購入経験や購入意向では、購入経験者、リピート意向のある購入経験者の割合が新規購入者の割合より高く、しかも、未婚女性の方が高い結果となる。「デリシャス」でも、同様の結果が示される。評価に関しては、商品コンセプト、ブランド名、パッケージ、キャッチコピー、陳列とＰＯＰ、高級ＰＢとしてのインパクト、コンビニ客にとっての努力度などの評価にみられるように、さまざまな視点が求められる。その他、栄養バランスや価格の妥当性なども検討が求められよう。評価結果は、製法や分量には違いがなく、総合評価は互角であった。価格はリーズナブルで、商品の魅力を感じるという意見や、顧客も購入頻度も増やすという意見も多かった。総合的にみると、価格が高くなっても、高級ＰＢの購入を増やす意向が強いようだ。最近は各社ともに、健康路線のＰＢ商品の品ぞろえに経営努力を向けている。大手コンビニのＰＢ人気商品を見ると、セブン・イレブンでは、「セブンプレミアム」「金の食パン」「セブンコーヒー」、ファミマでは「ハンバーグ」「ファミチキ」「カレー」など、ローソンは「キャベツ千切り」「ロースの生姜焼き」「カットほうれんそう」などとなる。

コンビニによるメーカーなどへの押しつけの傾向が見られないわけではない。ＰＢ商品の開発には、メーカー、卸売業者などの協力が欠かせず、この面でも、今のところ反対意見は聞かれない。差別化の切り札として新規市場を開拓したが、大手各社ともＰＢ商品に力を入れており、内容、品ぞろえに差がみられる。差別化の決定打になるかどうか、もう少し経過を見なければならない。

9. 海外でのPB

海外での事業展開は、基本的には、エリアライセンス方式になる。看板、ブランドを引き継ぎ、事業展開そのものはその地域の経営となる。したがって事業展開には地域密着性があり、提供商品にもそれが反映している。競争が激しい国や地域もあり、自ずと、競争はPB商品の開発、新製品の開発に向けられるようになっている。

韓国では、弁当とラーメンにキムチを使い、スイーツ系には、ローカルの伝統的な人気と製法を生かしている。スイーツ系の新製品が多く、コラボ製品、PB商品が過半を占めるようになっている。台湾では、弁当と台湾風味の麺が売れ筋で、暖めて食べるのが習慣である。焼き芋、肉まんもあるが、特徴的なのがホットドッグで、ケチャップやソースの味付けは、お好み次第である。中国の売れ筋は、専用工場で作るPBの弁当、おにぎり、サンドイッチ、おでんなどである。やはり、中華系の人は温めて食べるのが習慣で電子レンジを使う。このように売れ筋商品もPBであるのが、特徴的である。(14)

注

（1）梶原勝美（２０１６）、74ページ、水野清文（２０１６）、98－１００ページ。
（2）大野尚久（２０１０）、50ページ。
（3）梶原勝美（２０１６）、98ページ。
（4）水野清文（２０１６）、１０９－１３５ページ。
（5）「２０１１年の日経調査」(https://www.nikkei.com)、２０１２年7月24日。
（6）有賀裕子・Ｗ・チャン・キム、レネ・モボルニュ（２０１５）。
（7）梅澤聡（２０２２ａ）、２１５－２２８ページ。
（8）セブン&アイ・ホールディングス（２０２２）、42－43ページ。
（9）セブン・イレブン（２０２３）、22－30ページ、セブン&アイホールディングス（２０１７）。
（10）東洋経済オンライン、２０２１年11月12日。
（11）梅沢聡（２０２２ａ）、83－84ページ。
（12）佐々木茂・石川和男・石原慎士（２０２４）、１２３ページ。
（13）日本経済新聞社地域産業研究所（２０１１）。
（14）海外のＰＢ、ヒアリング調査等による。

第5章　コンビニの立地展開と立地戦略

1. コンビニの立地戦略

小売業では、1つの実店舗が顧客を吸収できる地理的範囲を意味する商圏を重視してきた。立地理論としては、伝統的に、クリクラスターとレッシュの立地論がみられる。[1] 前者は、横軸に空間的広がり、縦軸に費用と価格を置き、財の到達範囲の上限、つまり消費者がある財を購入するのに移動してもよいと考える最大距離を重視する。交通費もしくは移動時間などの抵抗をとらえる理論である。一方、財の到達範囲の下限、つまり供給者がある財の販売を維持するのに必要な需要人口を満たす中心からの最小距離をとらえる。この関係で、超過利潤の有無をとらえる理論であり、財、サービスの階次と階層をとらえる点に特徴がある。この場合、均一な平面、馬車や徒歩などの初歩的交通機関が前提とされる。これに対し、レッシュは、ビールの生産と消費について、横軸に数量、縦軸に価格を取り、市場空間を需要円錐として立体的にとらえている。運送費と市場圏の分割もとらえているが、企業の戦略的立地、社会の構造変化がみられない。

商圏の変化については、交通機関や社会の構造変化が大きく関連しているように思われる。小売業の主勢の変化には、百貨店からスーパー・量販店もしくは、コンビニへの移行がみられるが、これには、交通機関や社会構造の変化が伴っている。わが国では、鉄道の駅を中心に、独立した零細小売業などが集積する商店街が形成されることが大きかった。1960年代になると、百貨店に加え、スーパーなど量販店が展開するが、折りからのモータリゼーションで、中心市街地のそれらの大規模店に顧客は鉄道や車を使って向かい、利用が集中する。普通、なんでも揃う大規模店に顧客は集中するため、当時、これらの店舗は商圏人口30－40万人とも言われた。1970年代になると、近郊の駅にも展開する大規模店と従来の零細小売店と駅周辺の商店街との間で摩擦と対立が起こり、大型店の出店を規制する大店法が制定された。

こうした立地の規制が、小売業の立地に大きな影響を与えているのは確かである。大店法の規制の中で、大型店の中心市街地への進出はやまなかったが、地価高騰やモータリゼーションの展開、住宅の郊外化の中、規制の影響を受けて、大型店の郊外への展開が進んだ。一方、従来の零細商店は淘汰が進み、これに代わるコンビニが躍進するようになる。住宅近郊や事務所の近郊で、近くていつでもあいている利便性を生かし、多店舗の形成を見せる。

多店舗はドミナントの戦略にもかなう。

その後、2000年になると、大店法の廃止と大店立地法の制定により、従来の大型店に加え、郊外でも複合施設の大型店が増えていった。都心回帰もあるが、折からの人口減少と少子化、ライフスタイルの変化から、従来の集客力はない。一方、コンビニは、自宅や事務所近郊で店舗を増やしていった。これで商圏人口が大幅に小さくなり、1000人とも言われている。まちづくり、商店街の復興ではコンパクト政策もみられるが、総合施策が必要で、必ずしも、どこでも成功しているわけではない。

筆本はPOSデータの分析から、販売特性に基づく店舗の類型化を行った。500メートル商圏の夜間人口が多く、他業種の集積が乏しい高層住宅群に立地する近隣多目的型のCVS、昼間人口数が非常に多い業務地域に立地したオフィス型CVS、通過交通量が多い幹線道路に面したロードサイド型CVS、オフィス街とマンション街の混在した、昼間、夜間人口ともに

表5－1　コンビニの立地類型

区分
駅周辺型
市街地型
住宅地背景型
オフィス型
住宅地区
工業地区
その他地区

出所：経済産業省「商業統計」の立地統計，各年版による。

多い時間帯別対応型ＣＶＳ、駅前や学校周辺部に立地し、若者の需要に対応した若年層対応型ＣＶＳ、に分類している。[2] なお、経済産業省のコンビニの立地による類型は、８類型になっている。

コロナ感染の最盛期には、オフィス周辺、学校周辺に顧客が少なく、住宅地近郊の利用が多かったが、今は戻りつつある。

2. 全国の立地展開

コンビニの開設店舗数の経過をみると、[3] １９９５年から２００２年までが、全体の５割近くを占めて最も多くなっている。この間の立地環境では、住宅地区での立地が４割近くを占め、最も多い。次いで、商業集積地区、その他の地区の順となっている。商業地区では、駅周辺型、住宅地後背型が多い。売り場面積規模では、１００㎡以上２５０㎡の規模が６割強と最も多い。年間商品販売規模では、1億円以上1億5千万円未満と1億5千万円以上2億円未満の規模の2つで5割を占め、就業者の規模では、10人以上15人未満で、全体の約３割と最も多い。1店舗当たりの年間商品販売高では、駅周辺型商業集積地域が最も多く、次いでオフィス街地区となっている。就業員１人当たりの年間商業販売額はロードサイド型商業集積地区で多く、時間帯では、終日営業店に優位性はみられない。立地選定でも、時代を追っていくと、地方都市では、1980年代はロードサイドへの立地指向、1990年代は立地地点の多様化、都市中心部における集中的分布がみられる。売場面積1㎡当たりの年間商品販売高は、駅周辺型商業集積地域が最も高い。1999年と2002年を比較すると、店舗数は39561から41770へと5・6%の伸び、年間商品販売額が9・6%の伸びを示している。終日営業の割合は、65・5%から77・6%へと増加しているが、商品構成や店舗形態の多様化などによるものであり、高齢者や女性の取り込みに特徴がみられる。県別でみると、群馬、山形、栃木で多いなど、大都市の東京より、近郊や郊外の近隣県で多い。取扱商品では、お菓子、インスタント食品や調味料などの食料品が多い。

2000年には、高齢者や女性の取り込みなどで、取扱品目の変化、人口の都心回帰など、コンビニを取り巻く環境に変化が生じている。箸本・駒木は、首都圏1都7県に位置する287店舗を7つの店舗類型に区分し、客単価における店舗類型間の差は1・12倍で大きくないこと、販売金額ではそれが最も高い都心のオフィス街と郊外では3・9倍の格差があることを指摘している。客単価は遜色ないにしても、来客数の少なさから、郊外の住宅店舗では、ローコストオペレーションを余儀なくされる。だがコロナ禍では、駅はともかく、オフィス街でのオンライン就業と自宅での巣ごもりにより、弱点も生じている。なお、大手各社の立地の分布の特徴をみると、セブン・イレブンは東京を中心に関東圏域に店舗数が最も多く、他の政令都市を含む県でもほぼ均等で、400~600店ぐらいが立地し、2002年から2008年にかけて急増している。ローソンは、東京都および大阪に極めて多く立地している。次いで北海道、神奈川県、埼玉県のような首都圏近郊、愛知県、福岡県などに多くみられ、その他の県はほぼ100店前後の立地である。ファミリーマートは、東京を中心に関東圏に多く立地しており、次いで大阪府、愛知県が多く、大都市圏に立地する傾向が見られる。

3. コンビニの店舗数の最近の動き

コンビニ全体の店舗数の推移を見ると、(4) 1998年頃から増加傾向を辿り、最近のコロナ禍により、2019年以降は下降している。チェーン店別の店舗数のランキングでは、2022年1月時点で、1位がセブン・イレブンの21031、2位がファミリーマートの16348店舗、3位がローソンの13812店舗で、セブン・イレブンが主導している。店舗数は、2019年以降は、3年連続で減少傾向を示しており、店舗数が増える時代は終わったかにみえる。また、統合と再編の動きも左右している。大手流通・鉄道企業と関わり

表５－２　コンビニの店舗数の上位ランキング

順位	コンビニ名	店舗数
1	セブン・イレブン	20,879
2	ファミリーマート	16,477
3	ローソン	13,812
4	ミニストップ	1,932
5	セイコーマート	1,158
6	デイリーヤマザキ	1,000
7	NewDays	346
8	ローソン×スリーエフ	343
9	デイリーヤマザキ（ヤマザキデイリーストア）	245
10	NewDays（NewDays ミニ）	158

出所：日本フランチャイズ協会の資料による。

のない独立系コンビニの多くが姿を消して、セブン・イレブン、ファミリーマート、ローソンの大手3社のシェアが高まっている。２０２２年１月の時点で、３社のシェアは89・９％となっている。２０１８年４月のシェアが85・８％であったので、この間に、大手3社の寡占の比率が強まったといえる。大手各社の店舗数のランキングは、表５－２の通りである。

立地を都道府県別にみれば、多い方から、東京都、大阪府、神奈川県、愛知県、埼玉県、北海道、千葉県、福岡県、兵庫県、静岡県となる。関東を中心に、愛知県や福岡などの大都市に多い。過疎地を抱える北海道に多いのはセコマの活躍である。下位のランキングでは、鳥取県、島根県、高知県、徳島県、福井県、佐賀県、和歌山県、香川県、宮崎県となり、いずれも人口が少ない地域である。県勢を考慮に入れた大手の地域別分布では、セブン・イレブンは、関東周辺地域での立地が多く、南東北、甲信越、山陽、九州でも勢力を占めている。ファミリーマートは、東海、西日本ともに多く、東海とならび北陸にも勢力を伸ばしている。ローソンは、関西、山陰、四国に多い。このように一定の勢力圏の棲み分けができる。(5)

商圏とは、ある商業施設や小売店、商店街などを日常的に利用する消費者が生活している地理的な範囲を指す。その商圏内の人口を商圏人口といい、中心から辺縁部までの距離を商圏距離という。百貨店、スーパーとコンビニでは、これらが異なる。百貨店とスーパーは、移動のアクセスは主に電車か車で、自ずと商圏は広い。コンビニの商圏は、毎日来店を期待する自宅から4－500メートル、徒歩10分～15分以内でアクセスできる顧客、週単位で来店を期待でき、自転車で10～15分以内で来店できる顧客、電車や車で30～40分でアクセスでき月単位で来店する顧客に分類できる。収益向上の決めては、人口規模と距離である。半径500メートル以内の商圏における一般的な商圏人口を約3000人と想定する。日本経済新聞による全国約5万7000店舗の立地調査では、9割で商圏人口が標準とされる3000人を下回っていることが判明した。(6) とくに冬場、深夜の時間帯の客足が乏しい。このことから、最近、立地が過密で需要も飽和状態が示される。コンビニは、24時間、年中無休の体制をとり、ドミナントなどで店舗を拡張してきたが、立地も営業体メートル制も岐路に立たされていることがわかる。とくに、冬場と深夜の客足が乏しい。

4．ドミナントの立地戦略

ドミナント戦略とは、同じ地域に同じ看板を持つチェーンストアを集中出店することで、店舗を地域に浸透させる戦略である。セブン・イレブンが典型例で、まさに「1つの地域を、自分のチェーンストアで支配してしまおう」という戦略である。ドミナント（dominant）を直訳すると、「支配的な」「最も有力な」となり、立地に結びつけると、戦略上有利になることを意味する。

この戦略にはメリットとデメリットがある。[7] メリットは、主に、①コストの節約を得られる、②地域に浸透しやすい、③競合他社の参入を妨げる、の3つがある。①は、同じ地域に集中出店することで、商品の配送コストや店舗の宣伝コストを抑えられる。店舗同士の距離が近いため、より少ない距離で商品を配送し、時間と費用を抑えられる。また店舗がまとまることで、同じ一度の宣伝で、より多くの店舗が宣伝効果を得られる。②と③は、同じ地域に集中出店することで、チェーンストアの看板が地域の人の眼に触れる機会が増え、単純に繰り返し接触することで対象への親近感が増す「単純接触効果」を得られる。こうして地域に浸透することで、競合他社は参入しにくくなる。デメリットは、①災害や人口減少で一度に多くの店舗が被害を受ける、②需要の変化による影響が大きい、③同じチェーンで顧客を奪い合う、などである。①は同一地域の多くの店舗が一度に被害を受ける点、②ショッピングセンター建設などの環境変化で、一度に需要変動の影響を受ける点、③は、同一チェーンによって、経営の影響を受ける点、である。ドミナント戦略をとる際、本部は、出店者との契約にあたって、こうしたデメリットを折り込み済みで経営支援を尽くす必要がある。出店に失敗すると共倒れになることから、人口増減、夜間と昼間の人口差、競合調査、需要特性などを調査した上で、出店エリアの慎重な決定を行わねばならない。

5. ドミナント出店に関する公正取引委員会の見解

ドミナント出店についての公正取引委員会の考え方は、2020年の報告書(8)、2021年4月改訂の「フランチャイズ・システムに関する独占禁止法の考え方」に示されている。2020年の報告書では、ドミナント出店自体は、ただちに独占禁止法に抵触しないとしつつ、次の2つの状況で問題になり得るとしている。①本部が加盟者の募集にあたり、加盟候補者に対し、重要事項について十分な説明の開示を行わず、その説明に虚偽や誇大な開示があった場合である。②事前に本部が加盟店との間で、ドミナント出店を行わない取り決めをした場合、その取り決めに反してドミナント出店を行った場合は、優越的地位の濫用に該当する。また、ドミナント出店の取り決めの契約があった場合でも、本部の支援がある取り決めがあるにも関わらず、支援しない場合には、優越的地位の濫用に該当するとみる。支援については、具体的な内容を明らかにして、契約に表示することが求められる。本部と加盟店との間で、認識の相違が生まれるからだ。

ただ契約にはあっても、経済的影響は認識が希薄である。ドミナント出店で、実際上、過当競争になり公正を逸する。また反対に、テリトリー権、すなわち既存加盟店にある程度の独占権を認めることでの参入の妨げと消費者利益を損なう影響である。この点で、テリトリー権、適正な競争の範囲、消費者と事業者の利益に配慮した検討が求められる。

本部と加盟店との間でのこの点に関する訴訟と裁判を経て、一部では従来のドミナント出店を控える動きも見られるようになっている。

6. 立地の条件とマーケティング調査

出店にあたって、出店担当者が重視する点は、車社会ゆえの交通量以外に人口密度、ライバル店の状況などが挙げられる。(9) 車との関連では、①視認性、②大きな交差点と車進入の容易性、中央分離帯の存在。③退店の容易性、である。①は、遠くから店舗の所在の確認ができる点である。とくに郊外店の場合は、認識度が高いほど来客数が増える。店の所在を認識させる看板やサインボードの表示が必要となる。②に関しては、概して、大きな交差点は車の進入がしやすい、駐車場に容易にアクセスしやすい点である。交差点近くで混雑していたり、進入路が狭く、坂があって入りにくい場合は来店をあきらめられる。中央分離帯があると、反対車線から入れない可能性があり、集客にリスクがある。③駐車場から出やすい点である。混雑するおそれがあるので交差点から先が選好される。こうした点から、駐車場のスペースが広く、進入路が広いエリアが好まれる。また、地元住民が使う道路であるかどうかの見極めも必要となる。一般的な立地選定としては、次のステップを取るようである。①第一に、見込み客の集まる場所、競合社が少ないかいない場所、わかりやすく入りやすい場所に目をつける。②第二に、顧客密度の調査である、これに関しては、商圏調査が役に立つ。

店舗までの所要時間10分が一応の目安となる。駅前、商店街の場合は徒歩と自転車で、駐車場のあるロードサイドであれば車で測る。商圏の推定は、住民基本台帳などを参考にする。現在では、各市町村のホームページでアクセスが可能である。地域住民や地域勤務者など、見込み客の流れを動線というが、この見込み客が集まる動線上を有力とみなす。また、この商圏を分断する交通量の多い産業道路、広い敷地の学校や公園、急坂、河川などが存在していないことが求められる。③ライバルとの競合状況を知ることで、事業展開の難易度の把握が求められる。競合には、商圏内の同種の業種と業態を含む。ライバルが多数いると客の奪い合いになるので。事業展開のリスクが予想される。人気スポットは、この点の注意も必要となる。④現地の実態調査も必要となる。ここでは、出店リスクの確認を行う。可視化して確認しやすいか、出入が容易であるよう間口が広いかどうかである。

7. 景観の美化や地域性を考慮に入れたコンビニの立地

古い町並みが残っている場所では、その立地にふさわしい景観デザインに基づき、店舗の色や看板の色にも工夫がいる[10]。店舗デザインとブランド戦略との関係や、街に溶け込む和の雰囲気などが重視され、全国的に統一したデザインや色ではなじまない。美観地域では、条例の細かいルールにより規制されており、瓦や竹で和の要素を取り入れているところもある。ブランドのロゴは同じでも色のトーンを変えるなど、周りと調和していることがポイントとなる。周りの環境に合わせた店舗作りによって、美しい素敵な景観が生まれる。京都と鎌倉がその好例で、外国の観光客にも人気の的となる。また地域性は、建物だけでなく、提供する食によっても表される。石川や富山のおにぎりコーナーの「ますの寿司」、福井の小分けした「水ようかん」などがある。

8. コンビニの海外展開[11]

コンビニの国内市場は飽和状態で、店舗数は、2021年時点で56948店舗とほぼ横ばい、売り上げも伸びない。そこで、その飽和状態を打開するのが海外展開である。海外進出の一番手はセブン・イレブンで店舗数も多い。最近、最も積極的なのがファミリーマートで、出遅れているのがローソンである。海外進出といっても、その中心はアジアであり、中国、韓国、ベトナム、台湾、ミャンマー、モンゴル、インド、インドネシアなどのアジア諸国に加え、アメリカ、メキシコ、中東諸国などが含まれる。欧州、中東は、日曜日は安息日と礼拝にあてるキリスト教、イスラム教などの影響で、24時間、年中無休の営業体制は社会になじまないため、ほとんどない。また、活発に営業しているところは、概して都市部で、地方には存在しない。食品の小売業は、日本に進出したカルフールのように、その国の食文化に影響されるため、進出が難しいとされる。とくに日本は、品揃えに沿う市場が機能しており、参入の障壁となる。コンビニの海外展開は、合弁会社やエリアライセンスの設立運営により、その国の経営方針で運営され、看板とブランドだけを借り、現地の慣習に合わせた戦略でその活動エリアを拡大している。最近では、ファミリーマートの活躍がめざましく、海外店舗数が国内店舗数を上回る。

大手3社の海外展開をみると、セブン・イレブンは、日本で約21000、アジア地域で約36000、北米で約12000、オーストラリアで約700、欧州で約400、中東で12の店舗が存在する。このように広範な地域に展開しているのが特徴である。ローソンは、中国への進出が最も早く、現在、中国国内で約4000店舗と多い。その他、ホノルル、タイ、フィリピンなどへ2012年から2014年にかけての進出がみられるが、海外店舗の約9割が中国であるのが特徴である。中国でのローソンのシェアは上位10位以内とはいえ、上位は、中国資本のコンビニが占める。日系ブランドは、ローソンが約3200店舗で5位、ファミリーマートが約2900店舗で6位、セブン・イレブンが約2300店舗で7位と続く。20年以上の中国のコンビニの歴史は、地元のローカルコンビニと日系コンビニとの戦いの歴史でもあった。1992年にセブン・イレブンが初めて進出し、その4年後にローソン、2003年にファミリーマートも上海に進出した。1990年代の初期には、中国のローカルブランドのコンビニも出現し、日系ブランドを超える成長を遂げた。最近では、セルフレジとモバイル決済を用いた無人経営の店舗も増えている。

ファミリーマートの海外展開は、1998年の台湾出店にさかのぼる。現在、店舗数の構成では、約3400店舗と台湾が最も多く、次いで中国の約2500、タイの約970店舗と続く。このように台湾が海外店舗数の約半分を占めており、台湾に展開の主力を置いているのが特徴である。

地域的にみれば、海外で店舗数が一番多いのは韓国で、創業の早さも一番である。いずれの国も、現段階では人手不足の対応や省力化によるコスト節減のために、デジタル対応が見られる。また、核家族化の進行や共稼ぎ世帯の増加により、コンビニでの消費対応が見られる。韓国では、小売業の完全自由化は、1996年に始まる。いち早く、この段階の政策に対応したのがコンビニで、小規模ゆえに売り場面積の規制をクリアできたからである。2016年までの間、百貨店とスーパーの伸びは横ばいで、スーパーは零細性があり、製造業主導で差別化が図れなかった。これに対してコンビニは、一貫して伸びている。韓国のコンビニの発展の過程は、おそよ5段階になる。①導入期で、セブン・イレブン1号店進出の

1989年から1996年までの段階で、チェーン網構築の基礎過程である。外資の積極的参入が見られる。②第二段階は1997年から1999年までの時期で、GS25、バイザウェイなど韓国現地コンビニの独自開発がなされ、合理化に向けての試行錯誤の戦略が繰返される時期である。また、加盟店の契約解除が頻発した紛糾の時期でもある。③第三段階は2000年以降の店舗数急増などに示される高成長の時期である。サービスだけでなくPB商品も拡大した。④第四段階は2012年までの寡占化進展の時期で、韓国系コンビニの資本の自立が進行した時期でもある。⑤第五の時期は2013年以降で、コンビニ出店規制による低成長の時期で、各社の店舗数と売上高が鈍化し、一方で新鋭企業のEmart24が参入した時期である。コンビニ各社が持続的成長のために、しのぎを削る時期でもある。新興コンビニは、成長要因に差別化を用いて、その後、売り上げと店舗数ともに安定的推移を示している。その差別化には、三無主義と言われるFC内容契約の弾力性、地域特性に合わせた店舗展開、安価なPB商品の強化などが見られる。[12] 契約内容の弾力化と選択は表5－3のようである。

24時間の営業義務が選択制で消え、便利の一角が消えている。安価な商品の拡大、営業時間の短縮、地域特性への傾斜は、日本のセコマの活動を彷彿とさせる。

韓国には以上のように、セブン・イレブンの他、韓国独自のコンビニであるGS25や

表5－3　Emart24の契約条件

区分		「共存型1」	「創業支援型」	「成果共有型」（※1）
契約条件	月額／手数料（VAT別途）	月65万ウォン	月160万ウォン	経営支援手数料：商品仕入額（※2）の15%
	契約期間	5年	5年	5年
投資費用	店舗賃貸	加盟店主	加盟店主／本部（転賃貸契約 最小2,000万ウォン）	加盟店主／本部（転賃貸契約 最小2,000万ウォン）
	インテリア	加盟店主	本部	本部
	設備／什器	加盟店主	本部	本部
	担保	3,000万ウォン	5,000万ウォン	5,000万ウォン
開店投資費用	加盟	770万ウォン	770万ウォン	770万ウォン
	商品準備	1,600万ウォン	1,600万ウォン	1,600万ウォン
	消耗品	50万ウォン	50万ウォン	50万ウォン
	計	2,420万ウォン	2,420万ウォン	2,420万ウォン
総投資費用		店舗賃貸＋インテリア＋設備／什器＋開店投資費用	店舗賃貸＋開店投資費用	店舗賃貸＋開店投資費用

※1　成果共有型は営業インセンティブとして商品仕入額（※2）別に1～15%を自動支給（月に最大250万ウォン）
※2　タバコ，サービス，医薬品，消耗品は商品仕入額から除外
出所：Emart24のHPに基づき，筆者作成。

CU、Emart24など、全部で5種類のコンビニが至る所にある。商品の基本的なラインアップは日本と同じで、弁当やラーメンにキムチなどを入れた韓国産で特徴を出す。PB商品も多い。決済はほとんどキャッシュレスで、これは日本より進んでいる。消費者の満足度調査では、いずれのチェーンも変わりなく満足度が高いが、接客態度は日本の方が高い。

アメリカのコンビニは、全体が車社会の中にあって、ガソリンスタンド併設型の店舗に特徴があり、車関係の商品の陳列も

みられる。

台湾は、海外では、店舗数が韓国に次いで2位である。セブン・イレブン、ファミリーマート、ハイライフ、OKマートの4大チェーンがあり、セブン・イレブンが6000店舗で最大である。コンセプト店や他のショップとのコラボ店が多く、無人店舗の実証実験も行っている。ファミリーマートは、第2位の約3700店舗あり、全家便利商店が運営している。人手不足で運営費が上昇し、2010年代後半には、デジタルイノベーションが見られる[13]。80年代にすでにEOS、POSなどの取り組みが見られ、基本的サービスは日本と変わらない。食品、飲料、生活用品、ビールなどのお酒やたばこ、宅配便のサービスやATM、チケットの発券なども扱っており、ICカードのチャージもできる。コンビニコーヒーやおでんもほとんどの店で扱っている。台湾には自動販売機がないので、飲料はコンビニでの購入が多い。

このように、アジアでコンビニが大きな展開を示しているのが、この台湾と韓国である。ともに、核家族化に伴う家族構成の変化、女性の社会進出、高齢化などに伴う生活スタイルの変化によって、コンビニ需要が増している。だが、営業時間となると、各国の規制によって異なる。韓国では、中小零細店主の営業を守るために、店舗規模と週・年間の営業時間の規制が厳しい。平日の営業時間、週・年間の営業時間の規制に関しては、欧米でも概して厳しい。宗教も関連しており、キリスト教の聖書には、週末は休息をとるすすめがあり、実際に日曜の礼拝が普通に行われている。このことから、キリスト教徒が多い欧米では、日本式ともいうべき24時間営業は困難と思われ、最近では、人手がかからないセルフレジが普及してきた。日本は、無人店舗は実証実験的なレベルであるが、日本と同様、高齢化が進む中国では、デジタルとＩＴ技術を駆使した無人店舗が出現している。海外でも、一部地域でデジタル化の波が普及しようとしている。

注

（１）松原宏（２０１２）、57－75ページ。
（２）松原宏編著（２００２）、98－１０７ページ。経済産業省の資料「２００５年のわが国の商業」（http://www.meti.go.jp）による。箸本健二（１９９８）、２３９－２５３ページ。
（３）「コンビニ店舗数の都道府県ランキング&全国勢力マップ」（http://www.mitok.inf）。
（４）経済産業省の資料による。
（５）前掲「コンビニ店舗数の都道府県ランキング&全国勢力マップ」。
（６）「コンビニの商圏９割が店舗当たり人口３０００人未満」（http://www.nikkei.com.）、笠井清志（２０００）、32ページ。

（7）梅澤聡（2020）、136－139ページ。
（8）公正取引委員会（2020）。
（9）笠井清志（2010）、32－36ページ。
（10）https://www.ideal-shop.jp
（11）吉岡秀子（2019）、111－132ページ、「日本のコンビニの最新状況セブンイレブン」（http://www.digima-Japan）、「日系コンビニの海外展開。異国でも愛されるローカライズ戦略」（http://www.prose.jp）、川邉信雄（2006）（2022）。とくに、川邉信雄（2022）は日系コンビニの現地化に詳しい。
（12）リリーナ（2021）、18－20ページ。
（13）鐘淑令（2020）、29－44ページ。

第6章　環境問題とコンビニ

1. コンビニと自然環境問題

今やコンビニは、私たちの生活にとって身近な存在となった。多店舗、24時間営業で、小売業を主導し、トラックの配送など製造・輸送・販売に結びついているだけに、自然環境問題は多面的である。一方で、今日、人々の環境意識も高い。企業の価値、社会的責任も、環境対策の評価に結びついてとらえられるようになっている。国際的にも、ＳＤＧｓの標語のもと、地球環境保全の高まりを見せている。二酸化炭素の排出、食品の廃棄ロス、プラスチック袋と容器などの問題は、コンビニ固有の経営方式にも関連している。最近では、これらの問題に対して、大手コンビニと政府のさまざまな取り組み、対策がみられる。本章では、コンビニ固有の問題に焦点を当てて、これらの環境問題の経過と現状、大手コンビニと政府の対策と課題について考察する。

2. コンビニの食品廃棄ロス

２０２１年に、食料に関連する国際機関は、世界で生産された食品のうち、40％にあたる25億トンの食料が毎年廃棄されていると報告した。(1) わが国では、令和３年度の推計によると、食べられる食品の年間２４０２万トンのうち、食品ロスは５２３万トンで、国民一人当たりに換算すると42キロとなる。食品ロスの内訳をみると、食品関連会社と家庭から、ほぼ半数が排出されている。日本の食品ロス量の構成は図６－１の通りである。日本には５万店のコンビニがあり、その食品廃棄量は２００万トンを超え、日本全体の約３・５％を占める。食品リサイクルを進めているが、食品リサイクル率は５割弱であり、飼料、堆肥などに利用されている。(2)

廃棄は、販売期限切れによるものが多く、利益を優先する本部と販売機会ロスで廃棄費用の負担を被る加盟店の対立、コンビニ独特の会計方式が指摘されている。(3) 商品の仕入れは、本部推奨のもとで、本部からなされる。加盟店の独自購入も認められ、有効期限に近い商品の値引きも公式には認められているものの、本部指導のもと、過分な仕入れを強いられる。遵守しないと、契約更新を拒否される。一般会計では、ロスは仕入れ先の負担になるが、コ

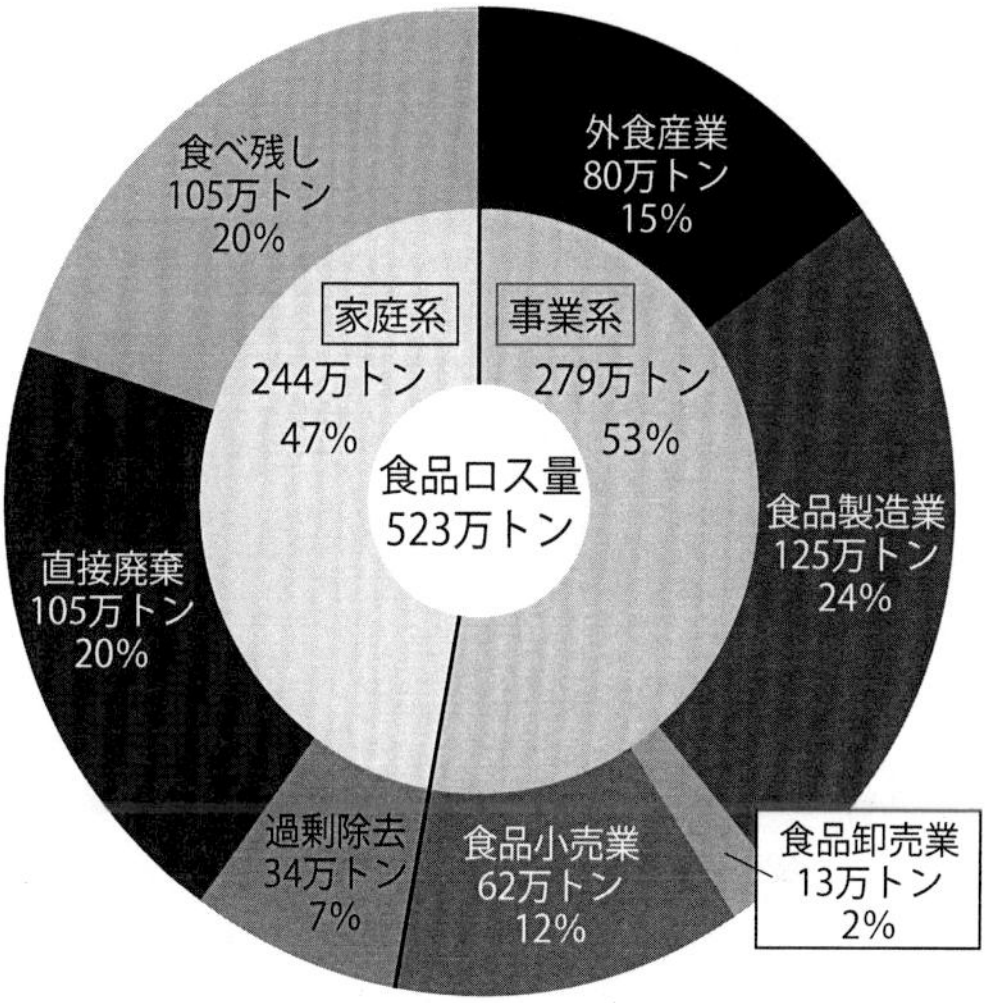

図６－１　日本の食品ロスの内訳

出所：農林水産省の 2020 年の統計による（https://www.maff.go.jp）。

ンビニ会計では、本部の売り上げから廃棄分が控除されず、利益に直結する。また、ロイヤリティも関連するため、値切り販売もできなかった。コンビニの会計方式は次のようになっており、会計上は本部が有利である。

おにぎり10個を本部を通じて購入する。仕入れ価格を１個１００円、売価を１５０円とし、２個売れ残ったとすれば、利益は、１２００円－１０００円＝２００円となる。一般会計に照らせば、次のような計算式になる。利益を、本部のロイヤリティ６割、加盟店４割で配分する前提である。

売上：150円×8個＝1200円
原価：100円×10個＝1000円
粗利：1200円－1000円＝200円
ロイヤリテイ：120円
加盟店の収益：80円

ところが、コンビニ会計だと、ロスは加盟店の負担となる。すなわちコンビニ会計だと、次の計算式になる。

売上：150円×8個＝1200円
原価：100円×10個－100円×2個＝800円
コンビニ会計による粗利：1200円－800円＝400円
ロイヤリテイ：240円
加盟店の収益：160円－100円×2個＝マイナス40円

2個の売れ残りで加盟店の負担になり、赤字にもなる。一般会計だと、仕入れのロスになり、場合によっては返品もできる。通常だと、売れ残りを見込んで値引きが検討されるが、本部の推奨商品なのでできない。もともとコンビニの商品は販売機会のロスを回避することから、在庫を悪とみる。ドミナントの近郊店舗と同一商品を違った価格で販売することを回避するため、値引き販売を拒否する傾向があったが、係争問題となり一定の値引きも容認、食料ロスの一部は本部が負担するようになっている。書籍や雑誌などは、一定の期限が切れると、再販法のもとで版元に返品ができる。こうした不合理は最近の申し立てで改善されることになって、食品ロスの一部は本部が負担するようになった。先の例では、売れ残りの2個を50円で販売すれば、完売も期待できる。

一般に、食品小売業関係業者の食品ロスの要因は、新商品販売や企画の変更に合わせて店頭から撤去された食品、欠品防止のために保有していたが、期限切れ等で販売できなくなった在庫品、小売業者から卸売業者や製造業者への慣行的な返品、製造過程での印刷ミス、流通過程での汚損・破損等の規格外品など多様にあるが、このうち販売期限は、製造日から賞味期限までの期間を、いわゆる3分の1ルール、すなわちおおむね3等分して設定されることが多く、このことが食品ロス発生要因の1つに挙げられている。日本では通常、3分の2の賞味期限が残っていないと小売店に納品できないが、欧米並みの緩和の検討も求められる。米国では2分の1、欧州の主要国では3分の1の賞味期限が残っていれば納品できるとされる(4)。

各社のホームページによると、コンビニ各社も、食品廃棄物対策を講じている。セブン・イレブンは、①長鮮度商品の開発、②3分の1ルールの見直し、③エコ物流を利用した食品リサイクル、④鶏卵を通じた循環型リサイクル、⑤戻り物流を活用した食品リサイクル、⑥生ごみ処理機の実用化に向けた取り組み、などを行っている。①は素材や製造工程、温度管理の見直しで、味や鮮度を落とすことなく、従来より長い賞味期限のチルド弁当を開発。パン類や総菜についても、長鮮度の商品を開発した。②に関しては、２０１４年11月以降、全店における飲料全品、菓子の一部について、納品の期限を、従来の３分の１から２分の１に変更した。③に関しては、独自の廃棄物回収システムを開発し、地域ごとに加盟店が推奨した廃棄物処理業者が各店舗から出る廃棄物を一括して回収し、適切な処理とリサイクルを効率的に行えるようにした。もっとも、一部地域では、推奨に値しないリサイクル以外の処理をしている。④に関しては、東京都と埼玉県の一部の約１３００店の店舗で出る販売期限切れの商品を循環型資源として、自らのサプライチェーン内で循環させる経路を確立した。⑤は、富里共配センターで配送している約３８０店舗を対象に、店舗で出される販売期限切れのパン・ペストリーを戻り物流により回収することにした。⑥に関しては、微生物の働きを利用した「生物分解型生ごみ処理機」の運用テストを２０１３年から開始した。この機械を利用することで、焼却処理に比べて、二酸化炭素発生の低減とごみの減量化につなげた。

　ファミリーマートは、①生ごみ回収システム、②廃食用油リサイクル、③食品リサイクルなどを掲げている。①は、店舗から出るお弁当やおむすび、ファミチキなどの食品廃棄物を生ごみ回収リサイクルシステムにより飼料、肥料、メタンなどに再資源化を図るようにした。②に関しては、フライドフードに使用した廃食用油を100%、適正な許可を持つリサイクル業者により飼料用、塗装用、インク用、洗剤用、石鹸用にリサイクルをしている。③に関しては、2008年以降、飼料製造業者、養豚業者、一般廃棄物運搬業者、食品製造業者と共同で、東京23区および都下の店舗から出される食品残さを、都内の中継地点に効率よく集め、千葉県内の食品リサイクル工場で液体飼料化し、豚に給餌する食品リサイクルに取り組んでいる。

ローソンは、①店舗廃棄物の排出量の測定、②発生の抑制、③再生利用－廃油リサイクル、④再生利用－食品リサイクル、などに取り組んでいる。①については、廃棄物の削減やリサイクルを促進するうえでの基礎データにするために、店舗の実態調査を継続して実施、②に関しては、店舗での商品の発注に半自動セミオート発注システムを導入することで、個別店舗ごとの売上げ動向や客層の情報、天気などさまざまな情報を分析し、「自店に最適な品揃え」と「商品別の発注数を自動的に推奨できるシステム」を構築している。③に関しては、2006年から開始した廃油リサイクルを、2017年時点で約1万2千店舗で実施しており、家畜の餌の材料となる飼料用添加剤、バイオディーゼル燃料や無添加石鹸などに再生している。④に関しては、2006年から売り残り食品のリサイクルを開始し、2017

年時点で約2万600店で実施している。販売許容期間を過ぎた弁当類を、豚と鶏の餌や肥料にリサイクルしている。

ミニストップは、①食品リサイクル、②使用済み油のリサイクル、などに取り組んでいる。①は業界に先駆けて、1998年から販売期限切れの食品を堆肥化する数々の実験と検証を重ねている。2004年以降、地域により、「飼料化」「堆肥化」「バイオガス化」を実施している。②に関しては、創業以来、ファストフード製造時に出る使用済み油を、委託業者の手を経て、ほぼすべて家畜飼料、石鹸やインクにリサイクルしている。

このように、食品廃棄物対策には、発生の抑制、リサイクル、再生利用などがあり、大手コンビニ各社が取り組んでいる。発生の抑制は、POSの活用による発注精度の向上と商品の生産工程やチルドの管理、流通過程の見直しによる消費期限の延長、店舗で先に納品された商品を前に陳列し、後から入荷した商品を後ろに陳列するなどの工夫が必要となる。リサイクル、再生は、肥料化、飼料化、メタン化、油脂・油脂製品化などがあり、食料としてリサイクルできないものは、焼却する際の熱エネルギーを意味するサーマルリサイクルの回収・利用が残されている。

今日、企業は、社会・環境と共存し、持続可能な成長を図るために、企業を取り巻く投資家、利用者、労働者など、さまざまなステークホルダーから信頼を得る「社会的責任」が求められている。

近年では、食品ロス対策に、ＮＰＯの協力がみられる。ＮＰＯ活動の活性化と組織団体の結成は、阪神淡路大震災が契機になっている。当時、現地にボランティアが押しかけたが、組織化する団体がなく混乱をきたした。そこで、平成10年に特定非営利活動法人制度を定める特定非営利活動促進法ができた。活動分野は20種類の領域にわたり、いずれも不特定かつ多数のものの利益に貢献する目的を課される。まちづくり、観光の振興を図る団体やグループが多いが、近年、環境の保全を図るグループと組織が重要性を増している。アンケートをみると、若年層でも環境保全の意識が高まっている。自治体がＮＰＯと連携し、コンビニエンスストアで販売しなくなった賞味期限に近いパンや弁当、おにぎりなどの食品を無料提供してもらい、貧困世帯の子供に届ける仕組みも作られた。また、県によっては、食べられるのに廃棄する食品をコンビニから提供してもらい、生活困窮世帯や児童養護施設などに届ける「フードバンク」活動の支援事業も行われている。これらは「食品ロス」の削減にもつながるので、社会的意義がある。自治体、ＮＰＯ団体、民間組織との間で包括協定の取り交わしも出てきており、支援に当たっては補助金の支給もなされている。最近では、社会のニーズや問題に取り組み、社会的価値と経済価値を両立させる共同価値や共有価値を両立させることを意味するＣＳＶ（Creating Shared Value）が信奉されている。事業を営む地域社会の経済条件や社会状態を改善しながら、市場での競争力を高めることととらえられる。

3. コンビニの二酸化炭素の排出

二酸化炭素の排出は、地球温暖化など、私たちの生活にさまざまな影響をもたらす。干魃、異常気温、洪水、極地の氷が氷解することによる一定地域の水没、高潮などの被害である。地球温暖化をもたらすのは温室効果ガスで、二酸化炭素はこの温室効果ガスの一種である。温室効果ガスには、二酸化炭素のほか、メタン、一酸化二窒素、フロンなどがあるが、二酸化炭素の比率が6割強を占め最も高い。排出が多い国は、上位から、中国、アメリカ、インド、ロシアで、日本は5位に位置する。発生の構成比率を2016年のデータでみると、家庭が約17%、運輸部門が約18%、エネルギー部門が約8%、産業部門が約35%を占めており、製造業、小売業など産業部門の排出量が最も多いことがわかる。[5] 環境意識の高まりは、二酸化炭素の排出削減に向けられている。国連も、2025年9月に持続可能な開発目標（SDGs）を設定し、17の目標と169からなるターゲットを提示して2030年までの目標達成を提唱している。[6] コンビニでも、脱食品ロスのほか、二酸化炭素の削減が重要となる。コンビニは、本部オフィスのほか、全国に個別店舗があり、規模が小さいとはいえ、

２０２０年で５６０００店を超えている。業界全体でみたとき、二酸化炭素の排出量は膨大で、[7]しかも店舗数は年々増加している。二酸化炭素の内訳をみると、店舗が９割方を占めており、そのほか物流関係が８％を占めている。二酸化炭素の排出量は、２０１６年までは増加傾向、２０１７年以降、低下の傾向を示している。このように二酸化炭素の排出量の９割が店舗から排出されており、その総量は家庭での排出量よりかなり多いと推定されている。24時間営業でクーラーと電気の使用量が多く、電力消費による年間エネルギーの消費量は全体の8割を占め、その内訳は、照明と冷蔵・冷凍がそれぞれ3割と、その比率が高い。それに次いで、１割強の空調動力の比率構成となっている。そのことから、店舗照明はＬＥＤが望ましいとの評価が得られる。ホームページによると、大手コンビニは２０５０年までに、二酸化炭素の排出量ゼロの達成を目標にしている。

２０１８年には、環境配慮モデルの店舗であるローソン館林木戸町店などがオープンしている。[8]同店はＣＬＴという断熱性が高い木質建築材を店舗構造や内装に使用することでエアコンの使用を抑えて電力節約の制御を行い、建築物省エネルギー性能表示制度で最高の評価を受けている。配送の運輸部門は、コンビニの二酸化炭素排出量の約１割弱を占めると推定されるため、共同化と配送センター経由での温度別管理で、輸送トラックの削減に取り組んできた。これは、混雑の緩和、輸送コストの削減とともに、二酸化炭素排出量の削減をももたらしてきた。今後も、排気ガスの少ないトラックの実装、トラック1台が積載する商品分野を拡大するなどの施策が求められる。

さらに二酸化炭素削減に効果があると考えられるのが、市場メカニズムの適用、排出権取引である。排出権取引とは、国家や企業に対し、温室効果ガスの排出枠を定め、排出枠が余った国や企業と、排出枠を超過してしまった国や企業との間で取引する制度であり、京都議定書でも規定されている。しかし、初期の割り当ての妥当性が問われ、余剰分を金銭の取引で済ませることの意義が問われている。もう1つの有効な削減手段として、炭素税が考えられる。これは、石炭・石油・天然ガスなどの化石燃料に、炭素の含有量に応じて税金をかけるもので、化石燃料の製造・使用の価格を課税で賦課することで、製造・使用の抑制を図る経済政策である。これには、転嫁を防ぐ各取引過程での区切りや、既定のガソリン税などの組み替えを要する。ともあれ、日本も、2050年の二酸化炭素排出ゼロ、ゼロエミッションという難題に取り組まなければならない。

4. コンビニのプラスチック袋

コンビニの利用にあたって、廃棄物の1つがレジ袋である。2000年代には国連レベルで、海洋投棄が問題になってきた。(9) 海洋に投棄されたプラスチックゴミは、やがて微細なマイクロプラスチックとなり、食物連鎖をつうじて、多くの生物に取り込まれていくことが問題にされた。発展途上国でも問題視され、対策の対象とされるようになっている。コンビニの利用にあたっては、スーパーほどマイバッグの使用が普及しておらず、海洋投棄は、日本では他国より深刻でない。レジ袋のほか、使い捨ての食器類、包装のプラスチックごみの処理は大変である。著者は、カナダに長期間滞在したが、日本の小売業、コンビニは利便性が高く、過剰なレジ袋、包装が施されている。この問題に対処するために、日本をはじめ世界のさまざまな国が対策に乗り出した。日本では海洋投棄が深刻でなかったため、取り組み出したのは2020年になってからである。2020年4月より、レジ袋の有料化がスタートしたが、意識改革を伴う必要があり、一定程度浸透している。それはレジ袋の辞退率にも現れており、スーパーなどを対象とした調査ではあるが、導入後2年で辞退率は約8割と、マイバッグなどの使用がすすんでいるように思える。導入当時は5割であったことを考えると、辞退率は明らかに高くなっている。ただコンビニとなると、スーパーほどマイバッグの使用率が高くないので、意識面での改革が必要である。

日本では海洋投棄が少なく、サーマルリサイクルもされている。プラスチック類を含む廃棄物を直接焼却して発電や温室、浴場、温水プールなどの熱源に用いる方法である。これに加えて、プラスチック類、紙類、廃木材などを集めて組成を調整し、破砕成形して固定燃料化する方法も考えられる。地域的・社会的な状況に応じて、多様な対策を講じなければならない。プラスチックゴミの処理について世界の取り組みをみると、マテリアル、サーマル、ケミカルに分かれる。マテリアルは、素材から素材へのリサイクルによる再利用、サーマルは前述したように、熱エネルギーを回収する熱的利用、ケミカルは科学的な工程の利用である。ドイツ、フランス、スイスなど、ヨーロッパの主要国では、1990年代以降、法令が敷かれ、厳しい取り組みがなされている。

5. プラスチック資源循環促進法の制定

2022年4月には、使い捨てプラスチックの排出量を削減するために、プラスチック資源循環促進法が制定された[10]。プラスチックは、その使いやすさから、製品や容器包装で幅広く使用されている。しかし、海洋プラスチックゴミ問題、地球温暖化問題、諸外国の廃棄物の輸入規制強化などにより、国内におけるプラスチック資源循環を促進する必要があったこと、さまざまな製品や包装に使われているプラスチックに関し、包括的に資源循環を促進する必要があったことが背景になっている。国も、3R（Reduce「削減」、Recycle「リサイクル」、Reuse「再利用」）プラスRenewable「再生可能な資源への置き換え」を意識した環境配慮設計に関する指針と実際適用を示している。プラスチックストローの代わりに木製ストローの採用も、その一例である。

6．大手コンビニの食品ロス対策

消費者庁の資料によれば、我が国の食品ロスは、農林水産省の推定で、２０１６年は年間６４３万トン、年間一人当たりの食品ロスは50kg前後と推定されている。食品自給率がカロリーベースで38％相当分の食品を輸入に依存し、その多くを廃棄し、廃棄コストに資金が相当かかることを考えると、大きな問題である。一方、世界の貧困世帯では飢餓しているにもかかわらず、先進国では食べられる食品が大量に廃棄されていることから、ＳＤＧｓの12番目の目標「つくる責任、つかう責任」達成に向けた11項目の具体的ターゲットの３番目の重点項目に、食品ロスが取り上げられている。すなわち、２０３０年までに、小売・消費レベルで世界全体の１人当たり食料廃棄を半減させ、生産・サプライチェーンにおける食料の損失を減少させる目標の設定がある。食品ロスの発生源は、家庭からは２９１万トン、食品メーカー・小売店・飲食店など事業系の部分が３５２万トンと、食品ロスの半分に近い45％

が家庭ゴミである。[11] 他に、外食のロスもあり、食堂・レストラン、宴会の食べ残し、結婚披露宴などがある。ＦＡＯ（国際連合食糧農業機関）の報告によると、食品の約3分の1が世界中で失われ、捨てられており、開発途上国では、サプライチェーン全体のロスのうち食品ロスが大半を占めると推定されている。日本でも子供の貧困が問題になっており、子供の7人に1人が食事を満足にとれない状況である。

最近では、大手コンビニは本部と加盟店が一致協力し、持続可能な生産消費形態の維持、食品ロスの削減に取り組むようになっている。大手各社の取り組みを、ホームページなどを参照してみてみよう。セブン・イレブンでは、素材・製造過程・温度管理の見直しを行い、従来の賞味期限より長いチルド食品を開発・製造している。また、エシカルプロジェクトとして、販売期限が近づいてきた商品の購入に対して、nanakoポイントを付与する取り組みを行っている。ローソンでは、店舗ごとの売り上げ・顧客の動向、天気などの情報を合わせて、発注情報を精緻化し、それぞれの店舗に合った品揃えを自動で推奨している。また、納品期限が切れた加工食品やお菓子を慈善団体に寄贈している。ファミリーマートでは、店舗から出る弁当・総菜などの廃棄物を、廃棄物処理委託業者と取引し、飼料、肥料などに再資源化している。再資源化された飼料により生育した豚を食材にしたパンや惣菜パンを製造し、販売している。また、ファミチキなど店舗で調理した揚げ物に使用した廃食用油を、廃食用油収集運送業者が回収し、石鹸やインクなどへリサイクルしている。最近では、公共バスのバイオ燃料として使用されている。

7．大手コンビニの環境対策

ホームページを参照すると、セブン・イレブンは、フランチャイズ事業を展開する本部が社会的責任を果たすべく、事業活動におけるコンプライアンスの徹底とCSR活動に取り組んでいくとしている。2050年に目指す姿を想定し、廃棄食品のロス以外にも、蓄電池の導入による省エネ・再生可能エネルギー等の活用で、2030年に、2013年対比で二酸化炭素排出量の50％削減、2050年に排出量実質ゼロを目標にしている。プラスチック対策は、オリジナル商品で使用する容器で、環境配慮型素材を使用し、2050年にそれを100％にする目標を掲げている。包装パックも環境配慮型へ変更し、環境に優しい商品開発への取り組み姿勢が示されている。

ファミリーマートは、重点課題として、環境配慮を通じた「地域と地球の未来」への貢献といった目標を掲げ、持続可能な生産消費形態の促進に貢献していく方針を取り、気候変動の緩和と適応、環境マネジメントシステムの継続的改善、持続可能な資源利用と環境汚染の防止などの取り組みを示している。具体的には、プラスチック製フォークの配布中止、環境配慮設計の植物由来のバイオプラスチック容器の使用に踏み切る姿勢が示されている。オリジナル商品の容器・包装で環境配慮型素材の使用に努め、２０３０年までに60％削減、２０５０年までに１００％達成の数値目標を立てている。

ローソンは、基本理念として、地域社会との共生と持続可能な発展に向けての貢献を掲げている。ＳＤＧｓ委員会を立ち上げ、脱炭素社会の実現に向けた環境保全活動の推進、商品・サービスなどにおける環境への配慮、店舗等設備の建設・運営における環境への配慮、社会貢献活動への積極的参画、継続的な改善の実施、法令等の遵守、コミュニケーションの実施を掲げている。具体的には、２０２５年に「Lawson Blue Challennge 2050」と称し、二酸化炭素排出量の２０１３年対比で15％削減、２０３０年に50％削減、２０５０年にゼロ達成を目標に掲げている。容器包装プラスチック使用量は、２０３０年に２０１７年対比で15％削減、オリジナル商品の容器包装は、２０３０年に30％削減、環境配慮型素材を50％使用、２０３０年にプラスチックレジ袋をゼロにする目標を立てている。以上のように、具体的な達成年度を立てていることが特徴である。

注

（1）ＷＷＦ（世界自然保護基金）と英国のテスコによる食料ロスに関する２０２１年の報告を日本財団が資料として取りまとめている（https://www.nippon-fondation.or.jp）。
（2）農林水産省統計による。
（3）木村義和（２０２０）、50－64ページによる。
（4）「3分の1ルール」とは、食品の流通過程において、製造業者（卸も含む）、販売業者、消費者の３者が製造日から賞味期限までの期間を3分の1ずつ均等に分けあい責任を持つ考え方に基づく商慣習である（藤井隆「流通における「3分の1ルール」の見直し」『Monthly Review』、２００３年7月）。
（5）農林水産省、新事業・食品産業部外食・食文化課の資料による。
（6）環境庁の２０１６年度の資料による（https://www.env.go.jp）。
（7）侯駿鴨他（２００９）。
（8）ローソン、ＳＤＧｓニュース（https://www.lawson.co.jp）による（２０１８年3月1日）。
（9）侯駿鴨他（２００９）。
（10）「最新の環境配慮デザイン店を群馬県館林市にオープン」（https://www.lawson.co.jp/company/activity/topics/detail_jin/1323316_9112.html）。
（11）環境庁の２０１８年の資料による（https://www.env.go.jp）。
（12）国際連合広報センターなどの資料による（https://www.unic.or.jp）。

(13) 日本国内で扱われるプラスチック製品の設計・製造・使用・再資源といった全プロセスに関し、資源が無駄にならず、循環することを目指すための法律である。

(14) 農林水産省、新事業・食品産業部外食・食文化課の資料による。

第7章　合併・統合、商社の支配

1．コンビニの合併・統合の特徴

日本の企業間の合併は、1987年頃から増加しており、その多くが効率化の向上を目的としている。一方で、航空事業などに見られるように、提携・アライアンスも活発化している。前者は、資本の取得を伴い、直接的統合であるのに対し、後者の多くが、資本の取得を伴わない相互に独立性を維持したままの競争力の強化策、中間的組織の側面を有している。コンビニの合併は、2000年頃から展開するが、提携の面はあまり見られず、大手コンビニが中小コンビニを吸収し、競争力を強化する性格が強い。また、商社が主導することも多い。このため、ローカルなコンビニが消滅し、大手4社のコンビニが市場に君臨するようになっている。以下、主な合併の経過、過去に市場に存在したコンビニを見てみよう。

2. コンビニの統合の経過

1980年代後半以降1989年末までの統合・合併は、(1) サンチェーンとローソン間、サンエブリーとデイリーヤマザキ間、ファミリアとミニストップ間の動きで示される。ミニストップの1号店は、1980年開店で、ファストフードとコンビニが合体した「コンボストア」の業務形式であった。次いで、2000年代に入って、動きが活発になる。2005年までの前半はチックタックとポプラ間、チコマートの動き、エブリワンとファミリーマート間、ココストアとファミリーマート間で示される。後半の2006年以降は、ホットスパーとココストア間、新選組とローソン間、タイムリーとデイリーヤマザキ間、ショップ99とローソン間、am／pmとファミリーマート間で示される。2010年代になると、セブン・イレブンに対抗するため、ファミリーマート、ローソンの取り組みがさらに活発化する。エブリワンとファミリーマート間、ココストアとファミリーマート間、サークルKサンクスとファミリーマート間、スリーエフとローソン間、セーブオンとローソン間の動きが見られる。以下、その経過と関係する企業の特徴を見てみよう。

サンチェーンは、ダイエー傘下入りを経て、運営業者のTVBサンチェーンとの合併を経ている。サンエブリーは、山崎製パンによるコンビニで、1977年に東京豊島区に1号店がオープンした。同コンビニは、東京・大阪・名古屋を中心に約1035店を展開し、三角形型のご飯に具をはさんだ「おにぎりサンド」をヒットさせ、ガソリンスタンド併設型店舗を設置する先駆けとなっている。デイリーヤマザキは、同じく山崎製パンによって運営され、1999年に両社はデイリーヤマザキに統合された。一方、サンチェーンは、1990年以降、ローソンを率いる「ダイエーグループ」の傘下にあり、1989年にローソンによって統合され、1994年には全店が廃止された。山崎製パンがコンビニ事業に着手したのは、1977年であった。セブン・イレブン1号店から3年後である。当時のセブン・イレブンに対抗するために、販売店の系列化を推し進め、コンビニ事業を活性化するために「サンエブリー」を立ち上げたが、不利な経営状況に追いやられ、ローソンと合併するに至った。

1999年には、ファミリアとミニストップの統合がなされる。ファミリアは、1950年に創設されており、朝ドラと子供服のブランドで人気があったが、1999年にイオンの連結子会社であるミニストップに統合された。

2000年代に入ると、チックタックがポプラに統合される。チックタックは、富山県を中心に展開していたローカルなコンビニで、日本海酒販の子会社であった。ポプラは、1976年に創設され、ホットスナックや中華まんなどに人気があった。2005年には、

１９９８年に伊藤忠燃料の事業部から分社化していたチコマートが倒産した。

２００７年には、ホットスパーがココストアに統合される。ホットスパーは、１９７７年に発足し、生鮮食料品の扱いを得意としていた。ココアストアは、１９７１年に愛知県に１号店を開設するパイオニア的存在であった。

２００８年には、新選組がローソンに統合され、全店の終了を迎える。新選組は、１９８２年から、株式会社新選組本部が東京圏を中心に展開していた。同年、タイムリーがデイリーヤマザキに統合された。タイムリーは、岐阜県高山市に本社を置き、多角化と全国展開を目指し、値引きサービスも行っていた。さらに、ショップ99がローソンストアに統合され、２０１１年には、ショップ99の全店が終了した。

２００９年には、ａｍ／ｐｍがファミリーマートに統合され、２０１５年に、ａｍ／ｐｍの全店が終了した。ショップ99は、均一価格型の生鮮食料品を扱うことに特化し、本社は東京、運営会社は99プラスが担っていた。

２０１５年以降は、統合の主体会社が、ファミリーマートかローソンであることに展開の特徴がある。両社がセブン・イレブンを追い上げ、シェア拡大を図る戦略が示される。２０１５年、エブリワンがファミリーマートに統合され、エブリワンは、２０１５年に全店を終了させた。また、同年、ココストアは、ファミリーマートに統合され、全店を終了させた。

２０１６年には、サークルＫサンクスがファミリーマートに統合され、サークルＫサンクスは、２０１８年に全店を終了している。サークルＫは、１９８０年に名古屋に直営の1号店を開設し、主に中京圏でコンビニ経済圏を築いていた。同年に、ホットスパーがローソンに統合され、全店を終了させている。ホットスパーは、１９８６年に、沖縄スパー本部株式会社がコンビニの1号店を開設、並行して、全国各地のスパー本部もコンビニエンス業態を展開していた。その後、東京ほか大都市圏での業績が振るわずに赤字に転落し、最終的にローソンに営業譲渡した。

２０１７年には、スリーエフがローソンに統合され、スリーエフは、２０１８年に全店を終了させている。同年に、セーブオンがローソンに統合され、セーブオンは、２０１８年に全店を終了させている。

以上の経過でわかるように、１９９０年末から統合が起こるが、２０００年代初期までは、地域のローカルコンビニが統合する主体になっているケースが多く、２０００年代末以降は、大手のローソンかファミリーマートがセブン・イレブンを追撃するため統合の主体になっている。

消えたローカルコンビニは地域密着の性格を持っているものが多いが、需要減による経営不振か、伸び悩みの経過をたどっている。また、契約形態は、フランチャイズより、有力問屋などが主導のボランタリーチェーンの形態を取っているものが多い。

3. コンビニ統合の要因と効果

統合の目的は、企業価値の増加にとどまらず、規模の経済の拡大とシナジー効果の創出にある。コンビニの経営は、店舗数が多いほど、シェアの拡大と売り上げ・利益の拡大が得られる。仕入れ時の交渉力が高まり、1つの地域に多くの店舗が集積していると、商品を運搬する距離も短くなり、効率が向上し、コストの削減も得られる。ここに、ローソンやファミリーマートが年間1000以上の店舗を開設している理由がある。

合併の効果を推定するために、合併前後のファミリーマートとローソンの経営状況をホームページ等の資料で比較してみよう。セブン・イレブンは、全国に約1万9000店舗があり、ファミリーマートの1万8000店舗、ローソンの1万2000店舗を上回る。1日1店舗当たりの売上高も、全店ベースで、セブン・イレブンが65万円で、他の2社より14万円ほど上回る。もっともこれは、店舗数だけでなく、その他のPBなどの戦略にもよるため、合併効果の限界もここに伺える。

また、ローソンのように、子会社として存在する商社の思惑もある。消費者関連のサービスなど、既存の取り扱い商品の販路拡大と投資先の企業価値の拡大の狙いである。商社は、経営に直接関わるのではなく、間接的な関わりである。開発、調達、生産、販売という各段階において、製品の付加価値を高めるプロセスをバリューチェーンというが、その全体最適が好ましいと考えられるため、商社はこのバリューチェーンの形成に関わっている。三菱商事がローソンの筆頭株主になっているのに対し、伊藤忠商事はファミリーマートの株式を取得し、筆頭株主になっている。

4．コンビニの社会的責任

コンビニは、取引先、得意先、顧客、株主、地域社会など、広範なステークホルダーに支えられながら、事業展開を行っている。持続可能な社会の創出、環境維持にも関わっており、これは企業理念、社員行動規範にも現れている。

セブン・イレブンのホームページによると、企業理念には「私たちはいかなる時代にもお店とともに。あまねく地域社会の利便性を追求し続け、毎日の豊かな生活を実現する」とあり、「便利な存在」「生活拠点」が意識されている。基本方針には、①安全で高品質な商品・サービスの提供、②公正で透明な取引の確保、③地域社会・国際社会との連携、④人権の重視、⑤多様性の尊重と働きがいの向上、⑥会社の資産や情報の保全、⑦持続可能な社会実現への貢献、⑧ステークホルダーとの対話、⑨社会課題への取り組み、が掲げられ、とくに⑧⑨の実現のために、5つの重点課題が次のようにあげられている。①高齢化、人口減少時代の社会インフラの提供、②商品や店舗をつうじた安全・安心の提供、③商品、原材料、エネルギーの無駄のない利用、④女性、若者、高齢者の活動支援、⑤お客様、お取引先を巻き込んだエシカルな社会づくりと資源の持続可能性向上、が掲げられている。「災害防止の拠点」「環境保全の最前線」「安全・安心の拠点」の確保、SDGsの取り組みの課題が込められている。

最近、社会環境において環境が重視され、SDGsの観点から、企業もそれに重きを置いている、とくに食品の廃棄と、二酸化炭素の排出削減の意義が大きいので、次にこれらの現状と対策について、コンビニ業界の動向を考察してみよう。

5．コンビニと商社の関わりと、商社のコンビニへの投資

現在、総合商社は、日本経済において獲得利益で上位にあり、10位以内に2社が入っている。第二次大戦後の混乱と一時的な経営難もあって、商社無用論が唱えられたこともある

が、日本的経営であり、中間排除の議論の延長であった。「ラーメンからミサイルまで」あるいは「通信衛星からミネラルウォーターまで」と言われるように、ビジネスフィールドは広範であるが、従来の主たる事業の取り扱いが資源とエネルギーから変わってきた。非資源に主力が移り、小売業とりわけ急成長のコンビニに、事業の主力の1つが移ってきた。商社の事業には、中間業者として、需要者と供給者とを結ぶ手数料・口銭で稼ぐトレーディングと、出資者として企業運営に参加し取り込み利益を稼ぐ事業投資があるが、近年、後者に大きな比重が置かれている。1990年以降、トレーディングは縮小し、バブル崩壊も重なって、業績の悪化を克服するために、ビジネスモデルの変更を行っている。事業投資を行う際に、総合商社は、株式を取得して資金を注入するだけでなく、投資先企業の企業価値を最大化するべく、その経営に総合的かつ継続的に参画する。そこから、取り込み利益、配当金、キャピタルゲインなど直接的利益が生まれる。間接的利益は、連鎖取引による収益である。開発、製造、生産、販売という各段階において付加価値が高まっていくプロセスを、バリューチェーンの最適化と言うが、これによる利益が得られる。総合商社とコンビニは関係を深めており、(2) 三菱商事がローソンを子会社にし、伊藤忠商事はファミリーマートとの協力関係を深めた。事業展開に必要なサプライチェーン、商品力強化、海外展開の面で、商社との提携が重要になっている。セブン・イレブンも、1.8%の出資を受ける三井物産との協力関係がある。総合商社は、コンビニの事業展開に直接関わるわけではないが、バリューチェーン、投資などで従属関係にあるといえる。(3)

6．統合に伴う課題

統合しても、ローソンとファミリーマートのシェア拡大は見られない。合併がすべての戦略を上回ることはないのである。例えば、ホームページ等の資料によると、ファミリーマートとサークルKサンクスとの統合前後の経営状況をファミリーマートについて見ると、2016年2月期に、国内店舗数が1万1656店舗、チェーン全店の売上高が2兆55億円、既存店日商が51・7万円、従業員数が4304人だったのが、2020年2月期には、国内店舗数1万6556店舗、全店の売上高が3兆円、既存店日商が53・9万円、従業員数がリストラで5000人程度になっていると推測される。(4) 規模を生かして、仕入れ先や委託向上の再編はできたものの、思ったより売上高、日商は増えていない。また、従業員のリストラ効果も大きくない。ファミマはもともと、社内の人口ピラミッドの中で、40歳以上の構成が高かったが、ますます増えたとも推測される。全体の戦略を含めた全体最適を図るべきである。また、合併によって、ローカルの地域密着性が後退することもある。近年は、ドミナントでの集中出店に伴う摩擦も多い。それに、一定規模を超えた統合の不経済も指摘されている。卸売、メーカーとの連携、情報システム連携の相性も問題となる。シェアを伸ばしても、売り上げ、収益の拡大、地域貢献の拡大につながらないと意味がない。統合相手の慎重な選択、統合のタイミング、組織再編の的確な見通しが求められる。

注

（1）梅澤聡（2020）、60−110ページ、「今振り返るコンビニ統廃合の歴史」（http://nlab.itmedia.co.jp）、「買収・合併でなくなったコンビニチェーンの一覧・歴史を徹底」（http://www.asahi.gakujo.ne.jp）。

（2）「コンビニ搾取の連鎖」（https://www.diamond.jp）。

（3）畑憲司（2020）、45−46ページ。

（4）経済産業省、時系列データ―商業動態統計調査の資料による（https://www.meti.go.jp）。

第8章　コンビニのATM

1．ATMの概念

ATMとは、Automatic Teller Machine の略称で、現金自動預払機のことである。

銀行やスーパーに併設されているATMは、振り込みや引き出しが基本的にできる機能は共通だが、使い方や装置に差がある。日本の金融機関は、1990年代以降、有人店舗数の削減と人件費の削減から導入を進めてきた。これによって、顧客向けの説明・相談スペースの拡大やミニ店舗の設置が容易になった。90年以降、急速な増加傾向にあったが、2000年以降は減少に転じている。この背景には、金融機関の店舗外、とくにコンビニでの設置が進んでいることがある。

2. コンビニでのATM設置の普及と背景

銀行は、バブル崩壊後の90年代に不良債権処理が進まず経営が弱体化し、一層の合理化を迫られた。そのため合併統合、支店の統廃合、地方都市を中心とするATMの廃止が相次ぎ、これを代行する形で、コンビニATMが出現し、普及していった。コンビニは、電気やガス、水道料金の収納代行業務を行っており、利用者の利便性の向上につながっていた。このサービスは、80年代後半からの展開である。客の立場に立てば、支払う現金をその場で引き出し、振り込めれば便利である。また、サービスを拡大し、手数料収入の拡大による増収効果が得られるなど、コンビニへのATM導入にはメリットがあった。銀行の窓口のように、混雑して待ち時間が長いのを回避できる上、コンビニは住宅地、駅の繁華街に多く設置されていることから、利便性に優れていた。近年、JRがATMを開設させているが、アクセスがいいことから、コンビニへの影響が大きいと思われる。しかし、その利用率は意外と少なく、やはり支払先との関連があると思われる。

コンビニATMの設置台数は、店舗数に比例している。2021年12月現在、1位がセブン銀行の25545台、2位がローソンの13476台、3位がE－netの12737台

図８－１　セブン銀行の ATM 設置台数の推移

出所：セブン銀行のホームページなどによる。

である。セブン銀行は、コンビニだけでなく、駅構内や空港にも置かれている。設置台数がダントツなら、提携銀行の数もダントツである。[1] 図８－１は、セブン銀行のＡＴＭ設置台数の推移である。イオン銀行を除くすべてのネット銀行が利用できる。ローソンのＡＴＭは、数ではセブン銀行の半分しかないが、全国47都道府県のコンビニに設置されている利便性を備えている。セブンがあまり進出していない四国地方では、地域住民にとって利便性が高い。ローソンのＡＴＭは、イオン銀行とセブン銀行を除くすべてのネット銀行のキャッシュカードに対応している。Ｅ－ｎｅｔは、セブン銀行運営のＡＴＭと異なり、金融機関を中心とした72社からの出資を受けて運営している。さまざまな会社から支援を受けているので、コンビニのみならず、スーパーマーケットやホームセンターなどにも、多く設置されている。Ｅ－ｎｅｔが利用できるコンビニはファミリーマートである。以前は、ミニストップにも設置されていたが、同社はイオン系列であるため、近年、イオン銀行ＡＴＭに置き換えられている。Ｅ－ｎｅｔは、セブン銀行を除くすべてのネット銀行のキャッシュカードが使用可能である。イオン銀行には、利用できるＡＴＭが少ないという欠点があったが、みずほ銀行ＡＴＭやＥ－ｎｅｔＡＴＭとの接続を行っており、最近では電子マネーの支払いが増えていることから、電子マネーのチャージも行えるようになっている。

3．セブン銀行の設立と展開の経過

ホームページで経過を見ると、ａｍ／ｐｍが先駆けて、99年3月から設置し、続いてファミリーマート、サークルＫ、サンクス、ミニストップ、スリーエフの5社連合が、コンビニＡＴＭの運営、保守、管理などを扱う合弁会社イーネットを設立し、その業務を99年10月よりスタートさせた。この合弁会社には、東京三菱銀行、第一勧業興行、日本生命、伊藤忠商事、セコム、日本通運など25社が参加しており、言うなれば銀行の主導で、関連会社がとりまいている。これに対しセブン・イレブンは、後にセブン銀行に社名変更するが、２００１年４月にアイワイバンク銀行を自前の銀行として設立し、ＡＴＭ業務を開始した。１９８７年には公共料金の収納代行業務を東京電力の公共料金を対象に手がけ、夜間や土日でも、ＡＴＭ経由で気軽に使えるようになった。公共料金の引き出しと支払いが同一場所で連動してできるようになり、セブン銀行は、手数料収入だけで高収益をあげ、勝ち組となっていった⑵。

セブン銀行は以下の経緯を辿っている。２００１年４月６日に予備免許を取得し、株式会社アイワイバンク銀行を資本金２０２億５０００万円で設立した。同年同月25日に銀行営業の免許を所得し、翌月、新規口座開設の受付が可能となり、事実上の営業を開始した。その約１週間後にはＡＴＭサービスを開始するに至り、全国銀行協会にも正会員として入会を果たす。翌月には、全銀システムへの接続、都市銀行カードによりセブン銀行の取り扱いができるＢＡＮＫＣへの接続を果たし、振り込みを可能にした。サービスの拡充は、２０００年代に始まる。２００１年12月には、インターネット・モバイル・テレフォンバンキングサービスを展開、２００４年には、お客様サービス部を新設している。翌年には、ＡＴＭコールセンターを新設し、確定拠出年金専用定期預金の取り扱いを開始させている。２００５年に

「株式会社セブン銀行」に社名を変更し、翌年には定期預金を開始し、さらに、ICキャッシュカードにも対応できるようにしている。資本面では、2001年に資本金380億500万円のうち610億円の第三者割当増資を行い、次いで、2002年に資本金610億円で第三者割当増資を行っている。また、有人店舗の開設も、2005年の蘇我店を皮切りに実施している。セブン銀行のATMの台数は、図8-1のように推移している。

4．利用実態

日本経済新聞社が協力してマイボイス社がATM利用について行った一連の調査のうち、2002年に行ったコンビニの利用状況調査では、(3) 2000年以降、年々利用率が増加しており、利用経験者は、30歳未満の人が全体の6割方を占め、若い世代ほど比率が高くなる傾向が示されている。利用頻度は、週に1〜2回が最も多く、30歳未満の階層で46.7%を占めている。銀行のATMでなく、コンビニのATMを利用するのは、開設時間の利便性が6割強と最も高く、銀行が至近になかったからが47.2%とこれに次ぐ。さらに、2021年に345人を対象に年齢を問わず実施した別の調査では、過去1カ月以内にコンビニのATMを利用した人の割合が、81%の280人に及ぶことがわかった。キャッシュレスが普及していく中で、2000年代に急激に増加していることがわかる。また、手数料について、その内容を把握している人の割合は8割と高い。把握していない人は2割弱で、時間帯や場所によって手数料が変わることを把握していない人が、一定割合で存在している。コンビニの手数料については、利便性を考慮に入れても妥当と考えていない人の割合が、201人で58%を占めている。手数料がかからない工夫として、時間帯と曜日の選択が47%と最も高い数値だった。コンビニは近年、入出金のみならず、電子マネーもチャージできる利便性の高いものになっている。それにつれて利用が増加しているが、一定程度、手数料の負担を認識していることがわかる。最近のATM利用者を全体でみると、やはり金融機関の店舗内・併設のATM利用者が最も多く、次いでコンビニのATMの利用者が多い。

5. 電子マネーへの対応、キャッシュレスの一般化

セブン銀行は2007年9月、流通系初の電子マネー『nanako（ナナコ）』のチャージを開始した。交通系の非接触カードは、JR東日本が2001年に導入している。今では、コンビニ各社のATMが、楽天のEdy、WAON、Suicaの電子マネーに対応している。現金を使わない、現金の使用を避けるキャッシュレスの時代である。ひと昔前は、

クレジットカードの利用であったが、日本では、カードの普及すら遅れていた。近年、キャッシュレスの支払いは急速に拡大しつつある。幸か不幸か、新型ウイルスの感染拡大は、非接触ゆえにキャッシュレスの支払いに一役買っており、「新しい生活様式」の浸透は脱現金化を促すものとなっている。価値と情報に置き換えると、このキャッシュレスは、現物的な紙幣や硬貨でなく、デジタル化された価値の移転によるものである。コンビニでの決済も、決済コードに登録し、スマートフォンをかざして支払いを済ませることができるようになった。キャッシュレスの決済比率が、2019年までにまだ26・8％の水準であることから、政府等は、大阪万博も見据え、2025年までにその比率を40％にする目標を掲げている[4]。

電子マネーには、メリットとデメリットがある。現在、コンビニは人手不足で、レジ周りのスタッフの労力を減らしたい。顧客が自分で決済することで、おつりの勘定の手間がかからなくなる。瞬時に決済できるため、顧客自身も、1枚のカードで取り扱うところどこでも用を済ませることができるなど、ライフスタイルを変えた。これらの省力化と利便性の向上はメリットであろう。一方、デメリットとしては、犯罪が起きやすく、セキュリティの確保が必要である。決済取引も、必ずしも透明性が確実ではない。また、キャッシュレスなどのデジタル化の推進においては、高齢者など、デジタルに弱い「デジタル弱者」への配慮が必要である。

6．不満とセキュリティ

コンビニＡＴＭでは、偽造クレジットカードによる不正引き出し、カード会社などから現金を借りるキャッシングなどで事件が起こっている。(5) ２０２０年には、日曜日の早朝に、全国17都道府県のコンビニＡＴＭにおいて、巨額の現金が不正に引き出される事件が起こった。日曜日の早朝は、人目につきにくい時間帯である。犯行に使われたクレジットカードは、南アフリカのスタンダード銀行が発行したカードを偽造したものだが、海外で発行したクレジットカードが使えるのは、セブン銀行のＡＴＭとゆうちょ銀行のＡＴＭ、ＡＴＭ運営会社Ｅ－ｎｅｔのＡＴＭだけである。犯行グループが短時間で18億円もの巨額資金を引き出せたのは、あらかじめ海外カードを使えるＡＴＭに的を絞ったからである。セキュリティが低い磁器ストライプ型カードでの犯行であるが、ＩＣ対応型カードへの切り替え、引き出し限度額の制限などの対応が求められる。現在では、偽造キャッシュカードが使われないための暗唱番号の保護、偽造キャッシュカードを作られないためのカード偽造防止策が講じられている。コンビニなどでは、正規のカード利用でも、他人が利用できないよう、プライバシーパネル、後方確認用ミラー、生体認証、覗き見防止用フィルムの装着などの工夫が講じられている。[6]

7．その他サービスの展開

コンビニのフランチャイズは、サービスの取り扱い商品を多様化している。写真の現像、焼き付けと引き延ばしを意味するDPEと宅配便の展開は、早くも80年代半ばに見られ、80年代後半以降には、電気、ガス、水道、放送などの公共料金の収納代行が展開されている。90年代後半になると、店内に通信端末を置いて、各種のチケット予約や購入を行えるようになった。また、住民票の受け取りサービスも、住民基本台帳の整備、マイナンバーカードの整備とともに、コンビニの窓口で受け取れるよう利便性が増している。[7]

注

（1）「最新版！コンビニＡＴＭの設置台数ランキング」(https://www.ginkou.jp)。
（2）相澤修（２０２０）、２１１－２１２ページ。
（3）マイボイスコム「ＡＴＭの利用に関するアンケート調査」(https://www.myvoice.co.jp/biz/surveys)。

（4）2020年7月に閣議決定された「成長戦略フォローアップ」による。
（5）酒井真由美（2021）、151－187ページ。
（6）山田和彦他（2011）、40－44ページ、杉浦宣彦（2021）、34－39ページ。
（7）梅澤聡（2020）、195－202ページ。

第9章　生活拠点としてのコンビニ

1．社会的役割の高まりと背景

コンビニエンスストアは、１９７０年代の導入以来、国民のさまざまなニーズに応え、その機能を充実させ、全国で大幅な数の店舗を展開してきた。サービスを拡大し、公共料金の支払い、災害時の対応など、国民生活と日本経済に不可欠なものになっている。地域経済の活性化、防災・災害対策、買物弱者、環境、公共サービスなど広範なコミュニティ生活への対応から、今日、社会的インフラとしての位置づけもされるようになっている。こうしたことから、経済産業省も、２０１９年以降には、新たなコンビニのあり方検討会を開催している。以下、経済産業省による社会的役割に関する各種機能についての報告を中心に考察してみよう。(1)

2. 高齢化時代におけるコンビニの過疎対策と防犯対策の役割

高齢化の進展によって、高齢者を中心に「身近な店舗」での買い物のニーズが拡大している。これは、高齢者を対象としたアンケートでも、筆頭格にあげられている。これに対し、コンビニは、医薬品や生鮮食料品など、商品ラインナップの拡充を進めている。地域の単身高齢者層を狙って、簡単な食品、小分け食品、高齢者に合わせた生活用品にも工夫がみられる。とくに、過疎地など日常の買い物が困難な地域では、販売車の巡回や御用聞き等の取り組みが、そして都市郊外でも交通不便な地域では、これらの対策が見られる。この問題に対して有効なのはコンビニだが、地域人口の小ささから立地に難色を示している。人材の確保と採算が合わない投資資金の制約については、事業者と地元自治会の協力の下に、自治体の支援によって、各種の対策が講じられるようになっている。

日本生産性本部による調査で顧客満足度トップにあげられてきた北海道の「セイコーマート」は、自力で健闘している。道内全179市町村中175市町村に店舗があり、過疎地域の多い北海道では1100店舗を運営し、地域カバー率は97%を超える。契約、規格に縛られるナショナルチェーンとは何もかも異なり、直営店が大半を占め、臨機応変な対応をしやすい。売り場に並ぶ商品の多くが自社開発商品で、加工食品、酒、飲料、日配品、総菜、菓子、日用品に及び、価格帯も廉価品が多い。もう1つの特徴が、店内調理コーナーの「ホットシェフ」である。併設の厨房で、カツ丼、カツカレー、クロワッサン、おにぎり等を調理し、できたてを販売している。素材を海外から低コストで調達し、製造—物流—販売をグループの一括直営によって、低コストで運営することで成り立っている。売り場構成では、地盤である北海道の食品を多く廉価で取り揃えている。農業生産法人や水産会社をグループ内に持ち、製販統合一体での廉価販売である。地元行政との地域協定もみられ、1つの方策がネットコンビニの展開である。デジタル戦略を掲げるセブン・イレブンは、2018年5月10日に北海道の一部地域で実験しているネットコンビニを全国に拡大していくと発表した。過疎化は、全国の山間地域にも拡大している。ネットコンビニは、客がスマートフォンから商品を注文し、在庫があれば最短2時間で指定した場所に配送する新サービスである。配達料は指定する場所は、自宅もしくは自宅近郊の集会所、公民館、自治会館などになる。配達料は注文した商品の値段によって異なり、3000円以上だと無料、それ以下だと200円台である。セブン・イレブンは、地域カバー率は高いが100%というわけではない。同社はすでに食品を中心とした宅配サービスの「セブンミール」を展開しているが、配送負担で加盟店が悩んでいる。こうした展開は、リアルとともにデジタル時代に欠かせないが、ラストワンマイルの人手不足とコストの負担が難題である。

3．地域の治安維持と防犯の拠点としてのコンビニ

コンビニの存在は、「セーフティステーション」や「下校児童の見守り」のように、地域の治安維持・防犯対策につながる活動で一定の評価がされるようになっている。アンケートでも、この点の評価は高い。年中無休、深夜営業は犯罪を誘発しやすいが、街の要所に点在するコンビニは、「セーフティステーション」の役割を果たしている。また、預金の預けと引き出しで、ＡＴＭの果たす役割は大きいが、防犯カメラの設置、注意予告、引き出し上限の設定など、犯罪を未然に防ぐ能動的な対策が講じられている。

また、高齢化時代にあって、認知症は６人に１人がかかるなどの社会問題があるが、最近、一部のコンビニエントストアは、自治体と協力して、高齢者の見守り活動を行っている。これは自治体との協定に基づいており、異変に気がついたら、自治体への連絡が義務づけられている。また、一部のコンビニでは、認知症サポーターキャラバンの養成講座を設けている。

4．災害対策の拠点としてのコンビニの役割

今日、役割が増しているのが、コンビニの災害時の対応機能である。東日本大震災が契機であるが、災害時の食料供給の継続、緊急避難場所としてのコンビニの機能が評価された。過去の新潟県中越地震、阪神・淡路大地震を含むコンビニの対応については、梅澤氏の著書が参考になる。(2) 最近では、自治体との帰宅困難者支援協定や物資調達支援協定などが見られるようになり、コロナ禍でも、巣ごもりで遠出できない生活の中、徒歩圏内の店舗は、人々の生活を大きく支えた。日本は、地震の原因の1つであるプレートテクトニクスのプレートの接合点が至る所にあり、災害大国と言われる。２０１１年3月11日に三陸沖の海底下の地層の崩壊を原因として発生した東日本大震災では、東西２００キロメートルにわたる被害が広域で起き、津波と原発事故を伴った複合災害となった。このほか、台風被害や水害などの災害などが続いており、被災者にとってただちに必要となるのは、水や食糧や衣類という物資供給である。幸いにして、コンビニでは、水や食糧や下着などを売っている。新潟県中越地震でも、おにぎりやカップラーメンなどを供給し、大型発電器と仮設トイレの設置も行っている。また、災害時に問題となるのは、大都市圏で鉄道やバスなどの公共交通機関が止ま

ることで発生する帰宅困難者である。郊外に自宅があり、勤めているところが都心だと、10キロ以上歩かねばならない。帰宅途中に、水やおにぎりなどの食糧、トイレなどの必要性が生じる。それには、沿道ぞいにあるコンビニが役立つ。場合によっては、安全確保のため、移動せずに現地にとどまることを余儀なくされる。その場合でも、水や食糧の供給が求められる。今やコンビニは、幹線道路沿いに立地する広域のネットワークを有し、災害時には、支援活動の重要な拠点となりえる。広いネットワークは、一部地域での在庫不足や枯渇でも役に立つ。東日本大震災では、東北地域の商品の枯渇は、関東エリアの商品で補った(3)。

コンビニに限らないが、災害時に問題になるのは、現地での災害支援物資の保管場所の確保、トラック積載の制約、梱包開封の手間と梱包材の廃棄である。このためにも、地方自治体の支援と協力、日頃の訓練が求められる。今やコンビニの多くが、地方自治体と地域協定を結んでおり、これによって、公共施設などの利用が円滑になる。政府や自治体は、携帯のアプリを活用して災害情報を正確に把握し、地域に応じた的確な情報を提供しなければならない。

震災は、人々の心理、人々の消費行動パターンを変え、震災後は、コンビニの利用回数は女性が牽引役となって増えている。東日本大震災後、自粛外出制限の巣ごもりの中での食品のストックや復興・復旧に伴う特需が弾みをつけた。２００９年の下半期以降、落ち込んでいた需要が回復基調となった。インターネット調査によると、自宅近郊もしくは勤務先近郊で、男性よりも女性の利用者が多い。購買動向をみると、2000円未満が7割弱、ほぼ毎日が約7割方と最も多い。日本は災害が多く、減災や災害からのいち早い立ち直りが求められる。多様なビジネスの中で、コンビニの復興・復旧が一番早かった。いち早い事業の復旧はBCP（Business Continuity Plan）で示され、普段の訓練など備えが求められる。

5. 家事代行サービスとコンビニ

近年、家事代行サービスの需要が都市を中心に増えている。背景には、高齢化に伴う単身者の増加、単身独身女性の社会進出などがある。コンビニでは、ファミリーマートなどが、そのサービスのチケット販売を始め、将来的には、サービス提供の拠点となりうると考えられる。難点は、コストの高さと、他人の家に入り込むことによるプライバシーの侵害であるが、後者の問題は、コンビニの介在である程度、防ぐことができる。地域共同体でのサービスに関わるので、地域をつなぐ一拠点となる。掃除機がけ、お風呂掃除、雑巾がけ、トイレ掃除、キッチン洗面所周り、食器洗い、窓ふき、片づけ、クリーニング出し受け取り、庭掃除、草むしり、料理の作り置き、買い物、ゴミ出し、水やり、アイロンがけ、布団干し、ベッドメイク、靴磨き、郵便受け取り、部屋の換気、ペットの世話、エアコンの掃除など、業務の範囲は広い。

6. 行政サービスとコンビニ

身近な存在になっているのが、一部のコンビニの行政サービス機能である。公共料金収納代行サービス、住民票の代行交付サービスが高い評価を受けているほか、国税、地方税に加え、国民健康保険や介護保険などの保険料の支払いができる。住民票などの公的証明も、住基カードと店内端末を用いて取得できる。マイナンバーカードとの連携により店員を介さないので、機密も保持できる。マイナンバーカードの非接触の利用はコロナの副産物かもしれない。現在、取得できるサービスは、住民票のほか、印鑑登録証明、所得証明、市県民税・課税証明、戸籍謄本など多岐にわたる(4)。

トイレも、公園並みに公衆に開放している。このように、今日、コンビニエンスストアは、広範な公共的役割を果たしており、人々の生活にとって身近な存在となっている。

7. 地域をつなぐ新拠点としてのコンビニ

欧米には、日常的に人々が混じり合う場として、教会がある。日本にはこういう場が少ないが、最近では、大阪市の宮之森団地のように、コンビニが地域をつなぐ新拠点として注目されている。URは定住を望むため、コンビニは団地に住む目線で品揃えがなされている。高齢者のために自宅まで配達したり、子育て中や共働きの家庭などへの配達もする。自治体との協力で、野菜市やイベントを開催したり、団地の管理事務所との提携で、団地内の空きスペースを、シニアのためのくつろぎの場として提供したりしている。このような活動により、お互いに知り合うことで助け合いの機会が生まれる。コンビニでも、知り合いだと、交流、語らいの場が生まれる。このように、コンビニは憩いの場、人々のふれあいの場として機能し、結果として地域活性化につながる。

8. コロナ禍でのコンビニの役割

コロナ禍により、世界中で、小売り食品の販売額の減少をきたしている。とりわけ、度重なるロックダウンを余儀なくされ、昼間の外出禁止、夜間の外出禁止、日用品・食品を含む小売業の営業停止に見舞われた欧米では販売額の減少が著しい。ロックダウン策をとらなかった日本でも、自粛による影響を受けた。だが、食品小売業はスーパーを中心に好調な売り上げを見せ、毎年販売額が好調に伸びる一方、コンビニの年間販売額はマイナスに転じた。消費者の外出頻度の低下や行動範囲の縮小が、販売額の縮小につながった。まとめ買いのストック体制のスーパーとの違いである。コンビニで大きなマイナスの影響を受けたのは都心部で、テレワークの就業形態が都心部のマイナスの影響に作用した。一方、在宅ワーカーによる自宅近隣のコンビニの需要は増加した。外出頻度を下げるため、冷凍品や酒類のまとめ買いをする人やデリバリーサービスが増加し、ビールやデザートをはじめとする、自粛生活に少し贅沢を加える高単価商品の需要増加などの傾向が出てきた。これを受けて、これらの商品の比率の増加、仕入れ購入数の増加、品揃えの変更などの戦略を取るようになっている。また、行動範囲が小さくなり、1人当たりが利用するコンビニ店舗数が減少している。こうした需要実態に照らして、品揃えの変更も必要である。さらに、海外事業の展開、無人レジとDXへの移行、客単価のアップを狙った戦略の展開もみられる。セブン&アイHDは、北米を中心に海外展開し、ローソンは中国での海外展開を強化している。いずれも、今後の人口や所得の増加を見込んだもので、国内では人口増加による需要増加を見込めないので、各社は商品開発にも力を入れている。

セブン・イレブンは、デリバリーサービスに力を入れており、注文後30分以内に届ける「7NOW」という急配サービスを展開している。また、冷凍食品にも力を入れている。さらに、店舗のある土地を「都市型」「住宅型」「郊外型」に分け、そこに居住する属性や人数に合わせ、商品構成や比率を工夫している。都市型では、オフィスで働く人に合わせ、ランチ対応する人気食品を用意している。また「ダイソー」の商品も取り揃えるなど、他業種との連携を強めている。

ローソンは、在宅ワークに従事する人々の増加で需要が高まる惣菜や冷凍食品の比率を高めている。スイーツの開発にも力を入れ、「ガトーショコラ」「シュークリーム」などに手を加え、独自の商品を開発している。また、「ゴーストレストラン」というデリバリーサービス事業や宅配代行サービスの充実にも取り組んでいる。

ファミリーマートは、衣料品のPBブランド商品の売り場を拡張し、処方薬を、送料・手数料無料で翌日受け取れるサービスを展開している。また、女性やシニア層のニーズに合った食品の開発に努めており、2021年には「ファミマル」というプライベート商品を開発した。その他、デリバリー商品開発や、レンタルリースでのキックボードの貸し出し、さらに家事サービスの代行サービスをも手がけている。

9. 多文化社会への対応

コンビニの多文化社会の拠点としての取り組みは、少子高齢化時代の取り組みとして重要性が増している。2022年に、外国人集住都市会議から経済産業大臣に出された要望書が参考になる[5]。以下、それに沿って説明をする。コンビニは、そこで働くアルバイトの外国人や、客として訪れる観光客、留学生などの増加により、多文化拠点として取り組まざるをえない。コンビニの外国人スタッフの割合は、店舗従業員の約1割で、留学生は、そのうちの8割を占めている。留学生の10人に1人が就業していることになり、客としても、在住外国人や観光客の来訪が増えるであろう。コンビニがやるべきことは、従業員体制については、在留資格制度の導入、本部による受け入れ体制の整備、高齢化社会で人手不足の中、日本社会のサステナビリティの維持、社会と連携した多文化共生環境の推進が求められる。在留資格は、最終的には、永住権の確保と、将来、夢のある職場での店長までの昇進、母国での起業と本部での社員としての就業である。やはり、特定技能の認定などが必要となろう。単純作業とみなされがちで、複雑な手続きが絡むので、下位の2級の特定技能資格の設定が求められる。業務も、レジ接客、検品・品出し、清掃からお金の管理まで多様にあり、昇進の段階につれて高度な日本語力が求められる。コンビニ業務を志願するのは、日本語を学べるという理由が多い。だが、ここでの業務は、接客だけでなく、マーチャンダイジング、店舗運営管理も含み、店舗管理は、ＰＯＳ情報、商圏の把握などを通じて学べる。簿記やＩＴの知識などが必要で、専門学校などとのタイアップや働きながら学ぶことが求められる。

コンビニは、そういう意味で、多文化共生拠点に馴染みやすい。そのためには、就業者の外国人が日本社会に参加しやすい環境作りと、日本人側も多文化共生の意識を深める必要がある。具体的には、日本語および日本社会に関する学習を含むコミュニケーションの支援、居住・労働環境、医療、防災を含む生活支援、外国人の自立、地域社会に対する意識啓発を含む多文化共生の地域づくりである。コミュニケーションについては、情報化、翻訳機能、わかりやすい日本語の表記がついた実装タブレット端末の整備などが求められる。防災に関する用語には、緊急避難、避難所、高台など専門用語、漢字表記特有の用語が多いため、言い換え、注記、わかりやすい表記のマニュアルなどが求められる。各自治組織と連携し、縦割り行政撤廃のうえで分担して作業しなければならない。多言語の推進、オリエンテーション、災害時の外国人への情報伝達や対策に関する財政予算の措置が必要となる。国庫補助事業としても、社会インフラとしての充実には、この多文化共生拠点としての措置が必要となる。

注

（1）通産経済産業省『コンビニエンスストアの経済・社会的役割研究会』の報告書（https://www.meti.go.jp）。
（2）梅澤聡（2020）、229－237ページ。
（3）日本経済新聞社編（2015）、131－134ページ。
（4）セブン・イレブンの行政サービスの説明（https://www.sej.co.jp）。
（5）外国人集住都市会議「コンビニエンスストアを多文化共生の拠点に」（https://www.Shujutoshi.jp.）。

第10章　独占禁止法とフランチャイズ

コンビニの運営形態の特徴は、大手コンビニでは、フランチャイズが高い割合を占めることである。他にチェーン展開の類型には、レギュラーチェーン、ボランタリーチェーン、代理店・特約店がある。レギュラーチェーンは、単一資本で、同一のチェーン名で、統一したイメージで運営している店舗の組織形態である。ボランタリーチェーンは、異なる経営主体同士が結合して、販売機能を多数の店舗で展開するとともに、情報等を本部に集中させることによって組織の結合を図り、仕入れ、販売等に関する戦略が集中的に編成される仕組みと運営である。最後の代理店・特約店は、特定の事業者との特約によってその系列化に入り、一定の地域における独占的な販売権を付与され、当該事業者のマーケティング戦略に積極的に協力する商店形式などがある(1)。

フランチャイズの経営方式は、本部と加盟者の個別の経営体で事業が営まれ、その経営体は自己責任制が強い。加盟者は、本部とフランチャイザー加盟店のオーナーとの垂直的統合の共存共栄関係にある。加盟店は、本部から経営のノウハウおよび経営指導と援助を受け、会社の看板・ブランドを供与される。本部は、加盟店から一定の対価としてのロイヤリティを受ける。加盟店が本部に支払うロイヤリティの算出方法には、「粗利益分配方式」「売上分配方式」「一定金額方式」などがあるが、コンビニでは「粗利益分配方式」が多い。この粗利益金額を本部と加盟店で分け合うが、チャージと呼ばれるロイヤリティは粗利益が多ければ率が高くなる。また、加盟店主が店舗施設を所有しているかどうかでも異なる。本部所有物件の場合は、月間粗利益金額が0~250万円の部分は、オーナー総収入は売上総利益に対して44％、セブン・イレブン・チャージは56％である。250万円超400万円以下の部分は、34％に対し66％、400万円超500万円以下の部分は29％に対し71％、550万円を超える部分は24％に対し76％となっている。売り上げが多くなる部分は本部の比率が高く、加盟店が繁盛すれば、本部のロイヤリティも増える仕組みになっている(2)。これらは、表向きには光の部分に相当するものと考えられる。

法律上は、準委託契約である。大手3社のロイヤリティは、10％以上と高いが、ケース・バイ・ケースで、セブン・イレブンのロイヤリティはひときわ高い。フランチャイズのデメリットとメリットは、従来指摘されているとおりで、契約いかんによる。コンビニでは、本部が指導し、売れ筋の商品の仕入れや売り上げの運営指導をする。本部としては、仕入れの一本化で効率が上がる。仕入れの強制は独占禁止法に抵触するので、表向きはないが、商品のアイテム数が増加傾向の中、大方の商品仕入れは、本部の推奨に従う。店舗独自の仕入れも認められてはいるが、回転率向上のために、実際上、独自の仕入れは少ない。このように、商品発注の権限は契約上、加盟店にあるものの、仕入れは本部の指示に従い、廃棄ロスの負担がかかるため、加盟店は、本部に不満を持つようになっている。廃棄ロスのほとんどを加盟店が持つのは、廃棄した費用を原価に含ませる一般会計と異なり、廃棄ロスを加盟店に負担させ売れたものとしてロイヤリティを計上するコンビニ会計方式にあるとの指摘がある(3)。これは、実際上の影の部分である。

こうしてコンビニは、売り上げが飽和状態になっても、本部は着実に収益を上げることができる。売れなくとも、本部に利得があるのは(4)、先にみた特徴ある会計の仕組みのためである。本来なら、破棄する売れ残りは返品計上だが、実際には破棄分も含めて本部の売り上げになっている。最近、本部直営の店舗より、加盟店の利益実績が落ちているとの指摘がなされるのは、ロイヤリティや手数料などの負担が含まれることに原因がある。思うように儲からないことへの苦情が出るほか、労働力不足の中、年中無休体制で休めず、親類の冠婚葬祭にも出られないなど、時間短縮などに向けた裁判の係争問題も起きている(4)。2019年春には、東大阪市のセブン・イレブンの加盟店が、深夜時短営業に踏み切り、メディアほかネットやSNSも巻き込む騒動に発展した(4)。発端は、深夜帯の人手不足、そしてそれを招いた人件費の高騰で、大手は見直しの検討に入り、一部では廃止を実施している。深刻な人手不足の影響もあり、コロナ禍前は、外国人スタッフの数も増えていた。国内労働需給と外国人労働者数の相関関係では、2018年の時点で、コンビニで働く外国人の数は大手4社で合計約53000人と、全体に占める外国人労働者は実に6・8%の比率になる。(5)

外国人労働者は、専門的・技術的分野の在留資格がある者と、それ以外の学生、単純労働などに従事する者とに分けられるが、著しく伸びているのが後者である。コンビニ従事の外国人労働者もアルバイト学生などが多く、2018年の外国人労働者の割合は、大手3社で平均6%を若干上回る。留学生の活用はコロナ禍でも盛んであるが、無制限に使用できるわけではない。留学生の場合、出入国管理法で、原則として週に28時間まで（夏休みなどは1日8時間、週に40時間まで）と労働時間の上限が決められており、(6)職場での日本人労働者や周辺住民とのトラブルもたまにみられる。技能実習生の制度もあるが、国際貢献の趣旨と異なり、実態は低賃金雇用の側面があり、技術実習生の枠で、コンビニのスタッフを受け入れるとの議論まで出るようになっている。(7)コンビニ労働が単純労働の枠を超え、技能実習の対象となる複雑労働の認定を受けるには、高い壁がある。いずれにせよ、外国人スタッフの力を借りる必要はあるが、オペレーション業務を円滑に進める対応はできていない。

さらに、労働力不足を補うのが、高齢者の雇用である。政府も、2013年の高齢者雇用促進法の改正によって、退職者を対象に「定年の引き上げ」「定年の廃止」「継続的雇用」のいずれかを企業に課すことになり、コンビニも積極的に、高齢者の雇用を迫られる事態になっている。高齢者はコミュニケーション能力は高い反面、情報化への対応が苦手という側面がある。また、突然の体調不良もありうる。これに対処するには、高齢者対応の仕事の振り分け、レジマニュアルの単純化、健康面への配慮など、働きやすい環境づくりが不可欠である。

フランチャイズのオーナーは経営者扱いで、各種の労働保護の対象にならず、実質的には、長時間労働の無法状態におかれて就業している。さらに、商品の廃棄が多く、これらについて本部の支援が少ないなどの苦情も出ている。本来は、本部と加盟店は共存共栄の平等の関係にあるが、実際は、加盟店が不利になっている面は否定できない。最近はこうした苦情を受け、一部で、本部がロスの責任をとるケースが出ている。例えば、弁当や惣菜の値引き販売がみられるようになったが、一昔前までは、値引き販売は認められていなかった。本部からの指導や監督により、契約の打ち切りなどを理由にできなかったのである。フランチャイズ契約上は、自由に価格決定できるが、本部のスーパーバイザーにより、事実上の監督、指導の制限があり、受け入れないと、契約の更新をしないなどの処置があった。解約制限には、以下のような理由があった。①見切り販売をすることによって、新鮮さのブランドイメージを維持する、②どこでも、いつでも同じ価格であるイメージが崩れ、顧客が商品の購入をためらう可能性がある。値引きを狙う客層が増え、利益が減る可能性がある、③加盟店同士の価格競争は、同じフランチャイズ同士がつぶし合う結果となってしまう可能性が生じる、というものであった。しかし、商品の価格は本来、加盟店が決定できる。鮮度にも差異があり、価格の統一協定は談合に相当するため、事実上の制限は独占禁止法が禁止する「優越的地位の濫用」に該当する。あるコンビニチェーンにおける見切り販売の制限が問題となり、公正取引委員会が排除措置命令を出した。(7) これを受け、今では、値引き販売がみられるようになった。

加盟店の苦情は、ドミナント戦略にも向けられている。ドミナント戦略は、コンビニ会計での全体収益の確保と、過密集約立地による配送などの効率化達成と密接に関連している。本部にとって、広告宣伝になりコスト節減を図る戦略であるが、近接ライバル店の出現で、既存の加盟店は損失を被る。契約にもあり、加盟店は排他的テリトリーを有していないため排除できない上、裁判所のお墨付きもある。(8) しかし、フランチャイズの理念である共存に反するとの反発もあり、最近では、一部のコンビニにおいてこの戦略の方向転換が見られる。

ほかの論点には、加盟店の店主が労働者か経営者かの問題がある。コンビニ加盟のオーナーは、労働時間の短縮を希望し、団体交渉権の獲得を望んでいる。中央労働委員会は、

「加盟者は、独立した事業者であり、自身の小売り事業の全般に事業の形態や店舗数等に関する判断、また、日々の商品の工夫や経費の支出等に関する判断や業務の采配によって、恒常的に独立した経営判断により利得する機会を有しているとともに、自らの行う小売り事業の費用を負担し、その損失や利益の帰属主体となり、他人労働者等を活用して、自らリスクを引き受けて事業を行っているのであり、顕著な事業者性を備えているということができる。」と述べ、労働者性を否定し、事業者としている。(9) だが、契約に基づいた事業を強いられ、実際上の経営指導を本部から受ける。

こうした批判もあり、係争を経て、一部の大手では、従来の24時間営業や割引制に一部の修正を行うようになっている。やはり、契約はともあれ、実際の就労や運営の実態を考え合わせねばならない。

そこで、にわかに脚光を浴び始めたのが、フランチャイズ法の制定であった。2009年当時、衆議院選挙で野党だった民主党が大勝利を収め、立法化の動きに取り組む民主党が与党となったことが契機となった。日本には、フランチャイズ法という名の法律は現状ではないが、中小小売商業法の第11条、第12条において、「フランチャイズ事業（法律上は特定連鎖化事業と称されている）を行う者で、新たに当該事業に加盟しようとする者と契約を締結しようとするときは、予め定められた事項を記載した書面を交付し、その記載事項を説明しなければならない」と定められている。また、公正取引委員会の「フランチャイズ・ガイドライン」が、法的判断の根拠となっている。独占禁止法が「独占により自由競争が阻害され価格が不当に高騰することによって、消費者が不利益を被る」ことを防止することを主眼としているのに対し、中小小売商業法のこの規定は、フランチャイズ事業者の一定の保護を目的としている。ただ、優越的地位の濫用などの具体的行動に踏み入ってはいない。フランチャイズ本部が、加盟者に対し優越的地位にあることは明らかであり、どこまでのオペレーションの指導と強制を「濫用」とみなすかが、独占禁止法上の論点となってきた[10]。欧米には、フランチャイズ業界を個別に規制する法律として、フランチャイズ法があり、その背景には、歴史が長く、フランチャイズに関する係争事件が多かったことが指摘される。わが国も、判例を積み上げ、加盟店の保護の視点にたった法整備が求められる。

注

（1）社団法人　日本フランチャイズ協会「各種チェーン店の比較について」などの資料による。

（2）笠井清志（2007）、12－13ページ、184－185ページ。「セブンイレブンの横顔（2023、2024年のプロフィール）」、41ページ。

（3）木村義和（2020）、50－58ページ。

（4）前掲書、32－46ページ。ダイヤモンド『コンビニ地獄』2019年6月1日号、36－37ページ。河田賢一（2019）、85－104ページ。
（5）河田賢一（2019）、85－104ページ。
（6）木村義和（2020）、32－46ページ。イマジンネクスト㈱HP（https://www.imaginenext.co.jp）。
（7）内閣府ホームページ（https://www.cao.go.jp）。
（8）木村義和（2020）、63－78ページ。
（9）同書、132－134ページ。
（10）同書、172－178ページ。日本弁護士連合会のフランチャイズ法についての見解、要諦は契約更改時の加盟店の保護に合うように思える（https://www.nichibenren.or.jp）。

第11章　コロナ禍でのコンビニ、大手コンビニの競争脅威と未来のビジネスモデル

1. コロナ禍でのコンビニ

この章では、コロナ禍でのコンビニの需要動向と意識調査、大手コンビニの競争相手となっているローカルコンビニの主要企業セイコーマートと、躍進するミニスーパーのまいばすけっとについて考察してみよう。

今後のコンビニの需要動向には、消費と景気の動向、社会的要因などがある。コロナ禍の2020年は、前年より、食料品や通信費、水道光熱費が増加し、交際費や衣料費などの支出が減った。巣ごもりのライフスタイルなどによるものであるが、長期的には、円安と物価の高騰により、大幅な増加は期待できない。周りの人々の影響による消費行動も減るであろう。また、情報通信の影響などから、慎重な消費行動が増え、適正な価格設定の選択も増えるものと予想される。

コロナ禍では、セブンイレブンネットコンビニが、スマートフォンで注文し、最短30分以

内でセブン・イレブンの商品を届けるサービスを展開している。自社の宅配や通販だけでなく、他の通販会社と提携した支払いや決済サービスについては以前から展開していたが、コロナ禍の巣ごもりの中で、その傾向が一層強まったといえよう。ネット通販は、2000年以降に急増し、宅配便の需要を一層高めた。EC市場は、2009年から2013年の5年間で約1・8倍の規模で拡大し、購入物品では日用品が全体の半分弱を占めている。(1)通販と宅配は相乗拡大の傾向にあり、宅配便の手数料もコンビニの収入につながる。スマートフォンやアプリケーションソフトによりフリマアプリ市場の規模は年々増加しており、B to C市場だけでなく、C to Cの市場も含む。ネット通信販売業では、アマゾン、楽天市場、ヤフー、メルカリなどのプレゼンスが高まっており、どの大手コンビニもこれらの通販会社の支払いや決済を行い、手数料を得ている。コンビニは、純粋な通販を行うわけではないが、消費者がリアル店舗で在庫している商品を確認のうえ注文し、宅配を依頼する強みがあり、リアル店舗と仮想店舗との相乗効果を持つ。今後、高齢化でどれだけ伸びるか未知数であるが、米、酒、水などの重量物を自宅まで持ち帰る負担があることから、潜在的需要があるものと思われる。

また、労働力不足の中、障害のある方の雇用を進めることは、労働力不足を補うばかりでなく企業価値の向上や多様性のある組織作りなどの観点で意義あるものと考える。障害者には、適正な作業への従事など配慮が必要であるが、業務の見直し、最適化・効率化を図るきっかけになり、社会的責任（ＣＳＲ）を果たすことで、企業としての価値創出につながる、多様性のある企業文化、組織づくりができるなどのメリットがあるが、一方で、業務を広範にできない、情報と理解不足に陥り、仕事に支障をきたすなどのデメリットがある。現場と協力して、障害のあるスタッフのサポートをする、適応できる作業への配置、作業が理解できる平易なマニュアルの作成などが必要であろう。事務系での障害者雇用は公的助成金を期待でき、技術の進展で省力化も進んでくる状況下、軽度の障害だと採用が可能になるかもしれない。

コロナ禍での巣ごもり需要の増加が経営を支えたとはいえ、需要の頭うちになる状況は避けられない（図11－1）。他方、利便性で競争を迫るミニ・スーパーの進出などが押し寄せており、今後の環境変化に合わせた経営の再編が求められる。消費者の非接触ニーズの高まりとデジタル化の方向で、レジの省力化、ＤＸの活用も一部でなされており、Scan and go などクレジット情報での自動決済、ロボット無人店舗の一部導入なども見られる。店舗内作業もＲＦＩＤタグの利用で省力化とコスト削減が進んでおり、[2] アマゾンをはじめとするＥＣ市場が急速に進展する中で、近隣の店舗での商品在庫の有利性を生かし、スマートフォンを通じて、注文と調達の迅速化を実現している。

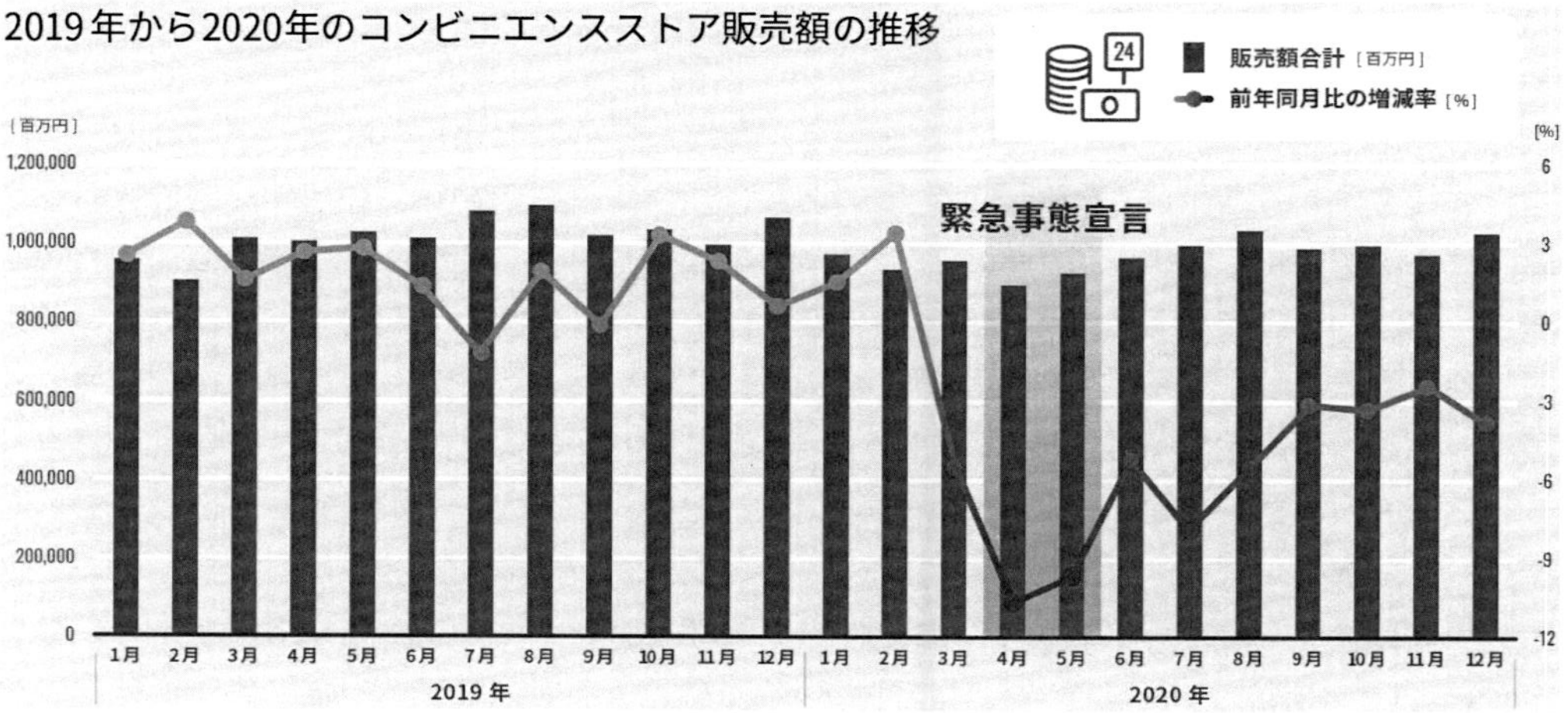

図 11 － 1　2019 年から 2020 年のコンビニエンスストア販売額の推移

出所：日本フランチャイズ協会の資料による。

2．コンビニの利用実態

利用実態の把握は、事業者にとってまちづくりなどの参考になる。男女１２００人を対象としたあるネット調査(3)（全国の20歳～79歳を対象）で利用実態を調べると、１週間に１～２回程度が３割台と一番多く、１週間に５～６回というヘビーユーザーも１割方いる。コロナ禍で、自宅近くの店舗利用が多くなった傾向も指摘でき、普段もっとも利用するコンビニでは、全国的にセブン・イレブンがダントツで、次いでファミリーマートが多くを占める。店舗の人気とともに多店舗展開のドミナントが影響していると思われ、北海道地区ではセイコーマートが７割を占めている。頻繁にコンビニに行く理由については、自宅から至近であることが６割ともっとも高く、駅や勤務先からの至近などの距離要因が高かった。また、店舗の嗜好では、そのチェーンならではのＰＢ商品、ホットシェフによるものも一定の割合を占めている。普段、コンビニに行く目的は、おやつ購入が半分の割合で最も多く、次いでお昼ご飯購入の４割、ＡＴＭの２割強が続く。地域差があるのは、たばこ購入、お酒購入で、北海道が高く、夕食購入も北海道が高い。また、コンビニでルーティンで購入するものは、弁当・おにぎり・サンドイッチ、飲料が２割を占めている。たばこも18％強を占めていることから、コンビニが主な販路であることがわかる。ついで買いについては、たばこ購入でのお菓子、ＡＴＭ利用でのたばこ、ＡＴＭ利用でのコーヒーの間で相関がみられた。本来の目的以外でも、雨宿り、時間つぶし、イートインスペースの利用が３割と多く、コンビニが公共的利用で使われていることがわかる。

年齢別でみると、セブン・イレブンは、20歳未満が７％、20歳代が10％、30歳代が11％、40歳代が15％、50歳以上が47％であった。30歳以下が減り、40歳以上が増えていることから、中高年層の顧客が傾向的に増えているのがわかる。20歳未満のコンビニ離れもほぼ人口構成を反映しており、若者の消費行動は、車や旅行と同様の動きがみられる。したがって、品揃えも、こうした利用実態を反映したものが求められる。関連の補足調査では、物品によって利用客は女性より男性が多く、高齢者は50代が最も多く、60代、70代と続いている。職業別だと、会社員・会社役員の利用が６割と最も高く、次いで自営業・個人が占めている。専業主婦（夫）は25％と低い。コンビニ滞在時間は５分未満が最も多く、時間は、午前11時～午後２時が最も多い。また、利用コンビニで最も多いのは、自宅近くのコンビニで約半分を占めている。

3.「地域密着」のセイコーマートの展開

コンビニの4社寡占の構造は基本的に変わらないが、北海道で4割のシェアを誇るローカルチェーンコンビニのセイコーマートが、顧客満足度で5年連続の首位を占めている。売上高、店舗数も一貫した伸びを示している。同社の店舗の外観は図11－2の通りである。

セコマは1971年に1号店を開店し、1991年には北海道の店舗数が100店舗、1998年には700店舗に拡大している。もとは酒の卸売り業だったが、2000年に入ると酒税法の緩和が進められ、この規制緩和を背景に、大手コンビニは商品力をもとに競争力を強化させていく。セコマは、蓄積された経営資源を活用し、コンビニ事業を整備・拡張して、2006年には1000店舗を突破している。1990年末までに、北海道の主要都市への出店を果たし、セブン・イレブンやファミリーマートの追撃にもかかわらず、北海道市場でトップの位置を守り続けている。(4)

2000年以降は、生産領域の多角化が進展し、2004年にはダイマル乳業の傘下でのアイスクリーム、京極製氷傘下での飲料・氷類、梅沢製麺傘下での麺類の生産活動を展開している。物流センター整備を中心とする物流システム強化の大型投資、ATMの設置、道内

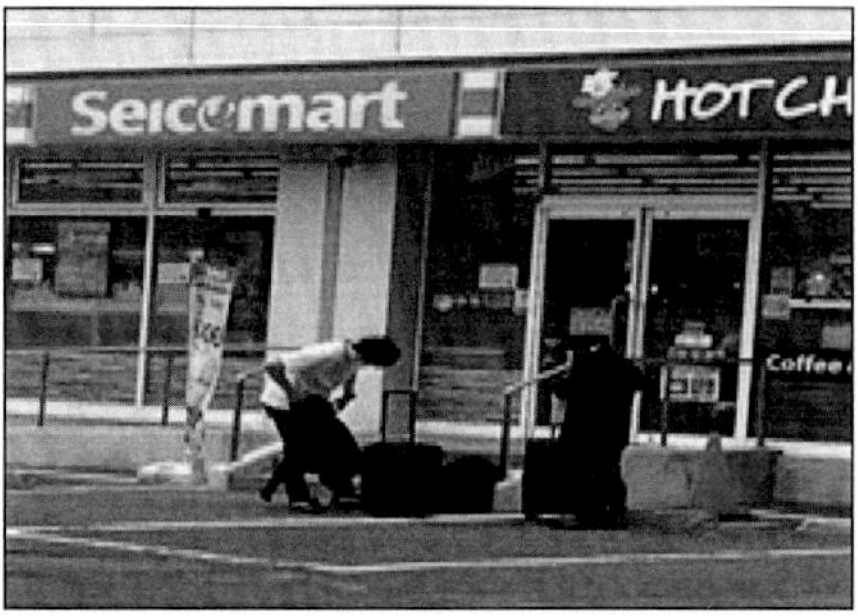

図 11 − 2　セイコーマートの外観

出所：筆者撮影。

の店舗拡大、直営化への転換に２０００年代前半までに着手する。道内の稚内市、札幌市、釧路市、帯広市、函館市、旭川市の６カ所の物流拠点を通じた道内全店舗への一括配送は、１９９０年代から行われていた。直営店への転換は、１９９０年代末から着手され、２０００年代半ばから後半にかけて、さらに充実させていく。直営化については、直営店の運営・管理を行うセイコーリテールサービスを１９９３年に設立し、２０００年頃に直営店比率を２割弱に高めている。人口過疎地への積極出店も２０００年以降進められ、２０１４年時点で、道内人口のカバー率を99％に高めている。自治体との連携も、２０００年代半ば以降、地域密着を進める。また、２０００年代の特徴的取り組みには、ポイントカードの充実とフランチャイズ統制の緩和などがある。仕入れに関しては、従来の海外からの独自調達も、２０００年半ば以降は北海道

図 11 − 3　ホットシェフの外観

出所：筆者撮影。

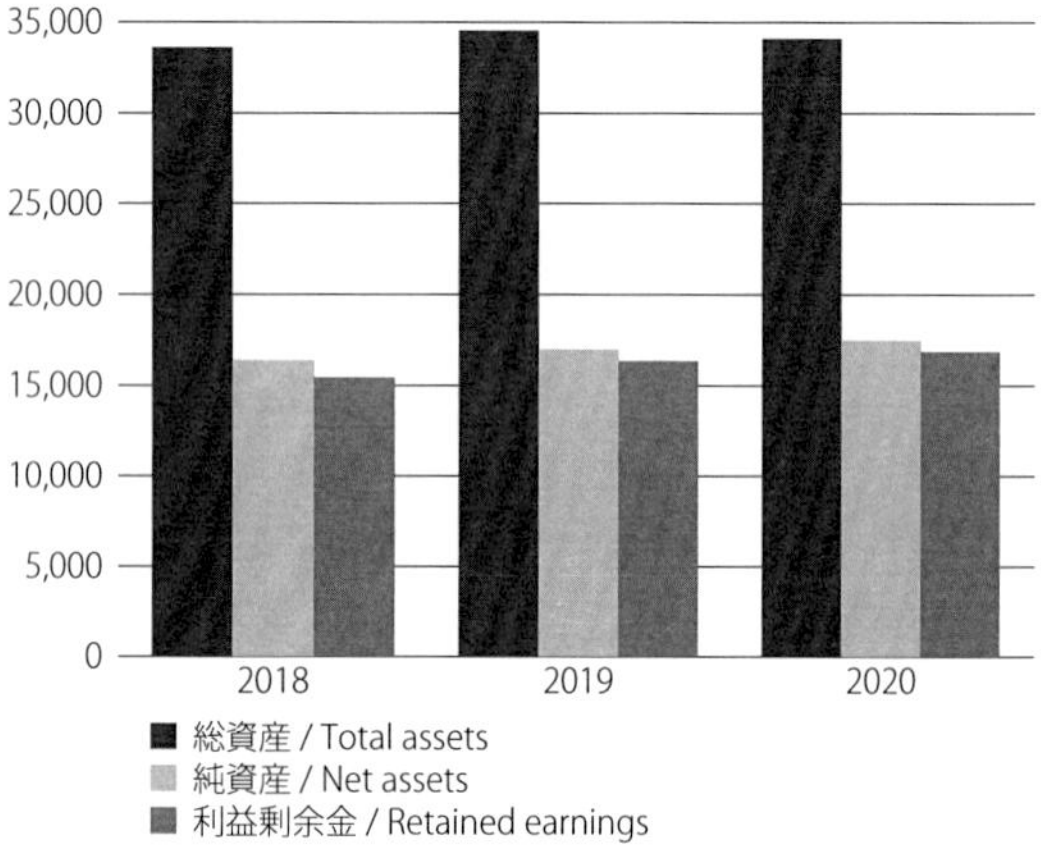

日付		総資産	利益剰余金	純資産比率	ROA	ROE	流動比率
DATE		Total assets	Retained earnings	Capital ratio	Return on assets	Return on equity	Current ratio
2018	12	33,505	15,346	43.2%	2.2%	4.7%	134.9%
2019	12	34,541	16,468	43.4%	2.2%	4.5%	133.9%
2020	12	34,076	16,555	43.4%	1.3%	3.9%	120.2%

図 11 − 4　セイコーマートの財務状況の推移

出所：同社に関するホームページによる。

内へと大きくシフトさせ、道内での経済循環を高めた。自社製品に使う主要な北海道産の比率は、80％以上になっている。特徴ある店内調理のホットシェフも、２０００年頃までに、年間10～20店舗のペースで導入され、２００７年には４００店舗を超える規模に拡大している。外販も、２０１４年に物流センターを茨城県で稼働させ、翌年には販路拡大のために、東京都内に新たな営業拠点を置いている。ＡＴＭも、２００３年以降本格化させた[5]。

このように戦略の転換には、いち早く１９９０年代に着手しており、２０００年以降に戦略を大きく変化させた。全国のコンビニ需要が落ち込み、需要飽和を打開する戦略が講じられた時期の前に着手している。２０００年以降は、売り上げの低迷はあるものの、道内で不動の地位を維持し、店舗数は拡大の一途を辿っている。人気を呼んでいるホットシェフであるが、外観は図11－３のようである。

財務状況は好転しており、その状況の推移は図11－４の通りである。

４．セコマと大手コンビニとの類似点と相違点

セコマと大手コンビニとの共通点をみてみよう。第一は、歴史的な経過である。セコマのコンビニ１号店への着手は１９７１年である。セブン・イレブンの１号店が豊洲で１９７４

年だからもっとも古いことになる。創業者は、酒類の卸売りを営んでいた「丸ヨ西尾」（現セイコーフレッシュフーズ）に勤めていた赤尾昭彦氏で、時代の変化に伴い売れ行きが伸び悩む中、思いついた。発端はアメリカの店舗のモデルを経営者が持ち帰り改良したものであり、酒のチェーン販売から出発しているのは、セブン・イレブンと類似している。

第二に、早くから物流システムの効率化に努めている。現在、セコマは北海道内に主要な物流拠点を20カ所近く、関東に3カ所をおいて、フローズン、チルド、ドライの3温度に対応できる物流ネットワークを構築している(6)。

セコマは物流拠点の設置と運営および物流活動を内部化しており、それだけに柔軟性を有し、効率性を発揮している。店内調理品の食材は、工場でカットした食材を各店舗を結ぶ配送網で他のグループの商品と一緒に配送し、物流コストを削減している。物流効率化のための継続的投資も行っており、冷凍物流事業の統合、複数の冷凍センターの稼働、自社所有のトラックでの操業、3温度帯のフルライン物流を達成している。配送にあたっては、市販の情報ソフトをカスタマイズさせ、最適な配送・回収ルートを探索するシステムを構築している。また、主要な物流拠点では在庫を常時把握し、充当する商品を自動発注できるシステムを稼働させている。温度については、本部が一元的管理を行い、食品のロス削減にもつながっている。

第三に、流通取引の一体化で、製造・物流・卸・小売りの協力である。セコマは、流通取引を簡素化し、卸物流をM&Aによって統合することで、取引コストの削減、過剰在庫の削減に努めている。大手コンビニは、必ずしも統合によらず、提携、共同組合化によって効率化を達成している。セイコーマートは、垂直的統合のM&Aを推進しており、北海道の伝統的メーカーが商品ごとに多くみられる。セコマは、これによって、安定的供給と弾力的運営を達成してきた(7)。2014年時点で、直営化比率は約7割に達している(8)。

一方、大手コンビニとの相違点もみられる。第一は、販売エリアの限定と制限である。北海道を中心とし、関東は埼玉・茨城県の一部地域などに限定することで、鮮度がいい現地の生鮮食料品の納入に努め、地域密着を高めている。また、北海道の過疎地への出店を行っており、過疎地での利便性を高めている。第二は、外部メーカー、外部販売への委託を行わず、自社で製販一体の直営方式をとることにより柔軟にコントロールできる体制が備わり(9)、廉価で販売できる利点となっている。第三は、独自戦略ともいえる店頭調理の「ホットシェフ」の提供である。ホットシェフの主要顧客は、来店の7割を占める男性である。ホットシェフの売り上げの粗利益率は高く、設備を有する店舗は増加傾向を辿っている。一方、店内飲食できるイートインも増えており、売り場スペースが減少するデメリットはあるが、「休憩スペースが欲しい」との高齢者の要求を取り込める利点がある。人口密度が低く、代替店が少ない土地であるだけに、それらの客を取り込める利点は大きい。

第四は、会員カード、ポイント制の徹底である。セイコーマートは、他の全国チェーンに先駆けてポイントカード制を導入したパイオニア的小売業である。2000年に導入して以降、カード会員数を着実に増やしており[10]、その会員数は551万人。筆者も、チェーン店を訪問したが、精算の際に「会員ですか、でなければ今度から入ってください」と勧誘に熱心であった。こうした販売対応により、あらかじめ約半分の顧客がレジでカードを提示するという。会員情報は、購買行動を分析するのに役立っており、データの分析では、単品アイテムの販売動向を性別や年代といったタイプごとに把握し、マーケティングへの活用度は高い。このように会員カードの普及率は高く、顧客の囲い込みが積極的に行われている。第五は、店内での生鮮食料品、生活用品、お菓子、アイスクリームなど、実にたくさんの品が揃っており、その多くが現地調達の商品で、惣菜が1品100~200円の廉価で販売されていることとである。セイコーマートの利用者の3割が「価格の安いこと」を評価しており、「お気に入りのPB商品がある」を評価した利用者も2割程度いる。両者の評価、ここに大手との差別化戦略をみる。「PBだらけの売り場」に映らないようなパッケージの工夫もみられ、セイコーマートでは、店舗売上点数の約5割をオリジナル商品が占めている。セコマのPBの多くは、北海道の所得水準を考えた価格に設定されており[11]、こうした低価格は、生産、仕入れなど企業活動の内部化によって支えられているといえよう。なお、生鮮品の現地調達のほか、ビール、ワインなどの酒類、清涼飲料水の海外直輸入も特徴であった。だが、2004年以降は地域貢献の趣旨のもと、その比重を低下させ、北海道産に切り替えていき、販売については、2004年以降は、北海道以外の関東を含む地域での外販にも力を入れていく。第六は、過疎地や買い物弱者を視野に入れた地方自治体や公共団体との連携である。2014年以降、初山別村、滝川市、紋別市などの要請を受け、コミュニテイ・スペース、バス施設の設置を含めた地域密着型の出店を行っている。

5. セコマの地域貢献

セイコーマートの特徴は、北海道色を強く打ち出している点にある。北海道産の素材を使い、北海道で生産・製造し、物流・配送することで、地域経済循環にプラスに寄与している。また店舗展開では、都市部のみならず過疎地にも進出し、道内人口の9割以上をカバーしている。[12] 過疎地への出店がしやすく、弾力的な運営を図るために、フランチャイズ店から本部直営店へと重点をシフトしている。フランチャイズ契約についても、高齢化などを考慮し、フランチャイズ料を大手チェーンに比べて格安で、営業時間も24時間でなく、午前7時から午後7時までの12時間営業である。大手のドミナント経営も廃止してテリトリー権を認め、半径150メートルの範囲には出店を認めない、オーナーに優しい契約内容になっている。2018年の北海道胆振東部地震の際には、95%以上の店舗が営業を継続し、地域住民の生活を支えた。

6．小型ミニスーパーの躍進―まいばすけっと

大手コンビニにとって、第二のライバルが、小型のミニスーパーの登場である。横浜、東京の都市部で、売り上げ業績を右肩上がりに伸ばし、店舗を拡大しているものに、まいばすけっとがある。同社の店舗の概観は図11－5のようである。

コンビニのように居住地に近い利便性を備えながらも、大手コンビニが扱わない生鮮食料品を格安で販売し、店舗面積が小さく、大手コンビニキラーとも言われる。ドミナントで多店舗出店を行い、エブリデイロープライス、特売日はない。ロープライスの実現は、各店舗2人以下の就業などによって可能にしており、コンピューターによる効率的な在庫管理も見られる。(13) 財務状況は、図11－6のように良好な推移を辿っている。イオンの傘下ということもあって、大資本の威力と規模の経済が見られる。ポストコロナの主力業態となるか、コン

図 11 － 5　まいばすけっとの外観

出所：筆者撮影。

決算期	売上高	増減	当期純利益	増減
13 年	55,000	—	N/A	N/A
14 年	72,000	30.9	153	—
15 年	80,000	11.1	▲ 1,611	—
16 年	112,179	40.2	▲ 2,602	—
17 年	128,574	14.6	717	—
18 年	140,303	9.1	1,087	51.6
19 年	153,710	9.6	1,302	19.8
20 年	172,381	12.1	1,910	46.7
21 年	200,581	16.4	3,277	71.6

※各年 2 月期　単位：百万円，％
出所：本誌「日本の小売業 1000 社ランキング」特集号の
　　　バックナンバーより編集部作成。
上記資料でデータを得られなかった数値は「N/A」としている

図 11 － 6　まいばすけっとの財務状況の推移

出所：同社ホームページ。

ビニとの併存となるか、参入と競争のゆくえが注目される。

注

(1) 経済産業省のユーザー調査（https://www.meti.go.jp）などによる。

(2) 最近使われているＲＦＩＤ（Radio Frequency Identification）は、電波を用いてＩＣタグの情報を非接触で読み書きする自動認識技術で、商品の検品や在庫チェックなどに適用し、作業効率を上げている。ＩＣタグは、このように電波を受けて働く小型の電子装置の１つで、ＲＦＩＤの一環として、使われている。

(3) ＮＥＯマーケティング「調査レポート・データ」（https://www.neo-m.jp）。

(4) 阿部智数・山口裕之・大原亨（２０１９ａ）、５－６ページ。

(5) 阿部智数・山口裕之・大原亨（２０１９ａ）、11－22ページ。

(6) 阿部智数・山口裕之・大原亨（２０１９ａ）、12－13ページ。

(7) 侯駿鳴他（２００９）。

(8) 阿部智和・山口裕之・大原亨（２０１９ａ）、25ページ。

(9) 池田満寿次（２０１５）、42ページ。

(10) 池田満寿次（２０１５）、43ページ。

(11) 池田満寿次（２０１５）、42－43ページ。

(12) 阿部知和・山口裕之・大原亨（2015a）、23ページ。
(13) 高橋広弘（2016）、53－54ページ。

おわりに

コンビニの発生と発展の全容がおわかりいただけたかと思う。コンビニは、日本的な小売業の特徴を表している。歴史的背景の中で、特徴ある急成長の展開を示してきた。近年は、ライフスタイルと消費者ニーズの変化に合わせた発展動向を示している。ＰＯＳや温度別管理に代表される物流・情報を先駆的に革新し、２０００年代以降、需要の伸びの飽和状態を、ＰＢ商品や新規の商品開発によって乗り切り、初期の中年層の顧客の枠を超えて、女性客や高齢者を取り込んでいった。一部では、合併・統合を繰り返し、全体として寡占化が進んだ。提供する商品とサービスは多様になっているが、戦略としては平準で、決定的な差別化はない。飽和状態打開に向けてさらなる戦略が待たれる。新しい戦略の展開はグローバル化であるが、今のところアジア中心の展開である。一方、加盟店との軋轢で、24時間の運営モデルも危うい。

本書は、こうしたコンビニエンスストア事業の展開を、小売業の中での競争環境の変化、情報・物流戦略展開との相互関係、立地動向、環境、ＡＴＭと電子マネー、独占禁止法とフランチャイズの問題、合併と統合、全体の戦略、生活拠点としての機能といった広範な領域の中で検討してきた。まだ、発展のさなかにある。サービスは拡大傾向にあり、社会的機能も果たすようになっている。こうしたことから、コンビニエンスストアを多様な側面から考察してきた。本書によって、今日までのコンビニエンスストアの展開の過程と実相をつかみ、将来の発展動向を占う一助になれば、幸いである。

著者　塩見英治

参考文献

・秋本敏男（１９９８）「セブンイレブン・ジャパンの競争優位戦略」『経営論集』第47号、１９９８年3月。
・芦澤健介（２０１８）『コンビニ外国人』新潮新書。
・阿部智和・山口裕之・大原　亨（２０１９ａ）「セイコーマート：独自性の高いビジネスモデルの確立」Discussion Paper Series B No.１７１、北海道大学大学院経済学研究院、２０１９年3月。
・阿部智和・山口裕之・大原　亨（２０１９ｂ）「セコマ：コンビニから総合流通業への転換」Discussion Paper Series B No.１７０、１－37、２０１９年3月。
・有賀裕子、W・チャン・キム、レネ・モボルニュ（２０１５）『オーシャン戦略』ダイヤモンド社。
・飯島大邦編著（２０２２）『人口と経済政策』中央大学経済研究所、中央大学出版部。
・池田満寿次（２０１５）「有力コンビニ「セイコーマート」に見るＰＢ戦略―ＰＢが担う役割と、消費者流通への示唆」『流通情報』５１４号、２０１５年5月。
・石川和夫（２０２１）「外部環境変化による小売業の試練と対応力」『専修大学社会科学研究所月報』No.６９４、２０２１年4月。
・石崎　忠編著（２０１０）『失われた10年―バブル崩壊からの脱却と発展』中央大学学術研究叢書、中央大学出版部。
・伊丹敬之（2004）『経営戦略の論理』第3版、日本経済新聞社。
・伊藤秀倫（2021）「北海道セコマの資本論　コロナ禍でもなぜ売り上げが伸びる」文春オンライン（https:www//:bunshun.jp）。
・伊藤岳洋（2020）「大手コンビニエンス・ストアの戦略が招いた同質化競争」（https:www//sp-network.co.jp）。
・碓井　誠（2015）「小売業のグローバル展開とセブンイレブンの成功要因」『グローバルビジネスジャーナル』第1巻第1号。
・梅澤　聡（2020）『コンビニチェーン進化史』イースト新書、イーストプレス。
・越後　修・三上貴雄・篠原大裕一・金尾　龍・小室　匡（2006）「地域密着型コンビニの競争戦略―セイコーマートの事例研究」『開発論集』第77号、2006年3月。
・大野尚久（2010）『PB戦略』千倉書房。
・笠井清志（2000）『コンビニのしくみ』同文堂出版。
・梶原勝美（2016）『ブランド流通革命』森山書店。
・河田賢一（2019）「コンビニエンス加盟店の低収益性」『現代流通変容の諸相』中央大学出版部、2019年9月。
・河内谷庸高（2022）「2024年問題対策とコロナ後の物流」『運輸と経済』No.900、2022年6月。
・川邉信雄（2012）「日系コンビニエンス・ストアのグローバル戦略―2005年以降のアジア展開を中

心に―」『経営論集』第22巻第1号。
・川邉信雄（２００３）『セブンイレブンの経営史』有斐閣。
・川邉信雄（２０２３）『日系コンビニエンス・ストアの国際展開』文眞堂。
・菊池航希・河野邊りな・藤井実花・水野陽介・平山祥一朗（２０２０）「ＳＤＧｓの視点から考察するコンビニエンスストアのプロモーション提案」『プロモーショナル・マーケティング研究』。
・北川泰治郎（２０１８）「北海道の中小企業におけるＣＳＶの可能性」『商学討究』第69巻第1号。
・木立真直・佐久間英俊編（２０１９）『現代流通変容の諸相』中央大学出版部。
・木村義和（２０２０）『コンビニの闇』ワニブックスＰＬＵＳ新書、ワニブックス。
・キム・リーナ（２０２１）「韓国コンビニストアの発展過程と新興型コンビニストアの出現」『流通』No.48、日本流通学会誌、２０２１年7月。
・剣持　真（２０１８）「小売マーケティングにおける顧客ロイヤリテイ活性化の研究」『法政大学学術機関リポジトリ』、２０１８年3月。
・公正取引委員会（２０２０）「コンビニエンスストア本部と加盟店の取引等に関する実態調査報告書」。
・侯　駿鴨他（２００９）「コンビニエンスストアにおけるCO_2排出量の評価」『第5回日本ＬＬＡ学会研究報告会講演要旨集』。
・侯　伯龍・野口博行・小野浩幸・高澤由美（２０２０）「北海道におけるコンビニエンスストアの地域貢献に関する研究―セコマと大手三社の比較」。
・国際商業出版（２０２０）「特集　店舗革命―無人化・省力化はどこまで進むか―」『激流』第45巻第4号、

通巻５３０号、２０２０年4月。
・小林　稔（２０１７）「ソーシャルメディアのコンテンツから分析したコンビニエンスストアの特徴と分類」『和光経済』50巻1号、２０１７年12月。
・コンビニ加盟店ユニオン＋北　健一（２０１８）『コンビニオーナーになってはいけない』旬報社。
・斎藤貴男（２０２０ａ）「コンビニ絶望経営」（上）『世界』岩波書店、２０２０年1月。
・斎藤貴男（２０２０ｂ）「コンビニ絶望経営」（下）『世界』岩波書店、２０２０年2月。
・酒井真由美（２０２１）『ルポ日本のＤＸ最前線』集英社インターナショナル新書。
・佐々木茂・石川和男・石原慎士（２０２４）『地域マーケティングの核心』同文館。
・佐々木保幸（２０２２）「コロナ・パンデミックと今日の流通―フランスの小売商業政策をふまえて」『流通』No.50、日本流通学会、２０２２年7月。
・塩見英治（１９９８）『現代物流システム論』中央経済社。
・塩見英治（２０１９）「ネット通信販売と宅配便ビジネスの変容」『現代流通変容の諸相』中央大学企業研究所叢書。
・嶋口充輝・内田和成・黒岩健太郎（２０１０）『1からの戦略論』碩学社。
・徐　文海（２０１４）「コンビニエンスストアの競争戦略」『商大ビジネスレビュー』３（２）、77－93ページ、２０１４年3月。
・鐘　淑玲（２０２０）「台湾コンビニのデジタル・イノベーション」『流通』No.46、日本流通学会。
・杉浦宣彦（２０２１）「キャッシュレス決済におけるセキュリティと法的課題」『運輸と経済』No.８８３、

２０２１年１月号、34－39ページ。
・セブン＆アイ・ホールディング（２０１７）「セブンプレミアム10周年」２０１７年５月。
・セブン＆アイ・ホールディング（２０２２）「経営レポート」２０２２年１月12日版、42－43ページ。
・セブン・イレブン（２０２３）「セブン－イレブンの横顔２０２２～２０２３」。
・ダイヤモンド（２０１６）『特集　コンビニを科学する』ダイヤモンド社、２０１６年10月29日。
・ダイヤモンド（２０２０）『特集　コンビニ　搾取の連鎖』ダイヤモンド社、２０２０年３月７日。
・鷹巣　力（２００８）『公共空間としてのコンビニ：進化するシステム24時間３６５日』朝日新書８４７、朝日新聞出版。
・高橋広行（２０１６）「消費者視点の小売イノベーション」『マーケティングジャーナル』36巻２号。
・田村正紀（２０１４）『セブンイレブンの足跡』千倉書房。
・永井知美（２０１７）「コンビニ業界の現状と課題―業界再編で寡占化進展、国内５万店時代をどう乗り切れるか」『ＴＢＲ産業経済の論点』No.17－５、東レ経営研究所、２０１７年８月。
・新島裕基（２０１１）「住民や行政主導による買い物弱者対策の展望―住民組織制度に注目して」『専修大学商学研究所報』第49巻第３号。
・日本経済新聞社編（２０１５）『マネジメントの名著を読む』日本経済新聞社。
・日本経済新聞社産業地域研究所（２０１１）『市場飽和説に挑むコンビニ―新しいニーズを探る―』（調査報告書）、日本経済新聞社。
・箸本健二（１９９８）「首都圏におけるコンビニエンスストアの店舗類型化とその空間的展開」『地理学評

論』71－A4。
・橋本陽子（2017）「コンビニ・オーナーの労働者性―フランチャイズ契約と労働法」『日本労働研究雑誌』No.678。
・橋元理恵（2019）「北海道スイート企業の売上高推移と上位企業の戦略の方向性」『北海商科大学論集』8（1）、北海商科大学、2019年2月。
・畑　憲治（2020）「コンビニエンスストアに対する総合商社の投資行動」『流通』No.47、日本流通学会。
・フィリップ・コトラー、恩蔵直人監訳（2022）『コトラーのマーケティング』朝日新聞出版。
・松原　宏（2012）『産業立地と地域経済』放送大学振興会。
・松原　宏編著（2002）『立地論入門』古今書院。
・松原隆一郎（2000）『消費資本主義のゆくえ：コンビニから見た日本経済』ちくま新書。
・水野清文（2016）『PB商品戦略の変遷と展望』晃洋書房。
・八木橋彰（2019）「コンビニエンス・ストアの出店活動と物流システムに関する考察」『会津大学短期大学部研究紀報』第76号、2019年3月。
・矢作敏行（1996）『コンビニエンス・ストア・システムの革新性』日本経済新聞社。
・矢作敏行（1998）『現代流通』有斐閣。
・矢作敏行（2021）『コマースの興亡史』日本経済新聞社。
・吉岡秀子（2012）『コンビニだけが、なぜ強い？』朝日新書337、朝日新聞出版。
・「農業水産省の食品ロスの統計」(https://www.maff.go.jp)。

・「概要―商業統計」（https://www.meti.go.jp）。
・「ユーザー調査の概要」（https://www.meti.go.jp）。
・「コンビニエンスストアの経済・社会的役割研究会の資料」（https://www.meti.go.jp）。
・Ansoff, H. L. (2007), *Strategic Management*, Palgrave Macmillan.
・Barney, Jay B. (2020), *Strategic Management and Competitive Advantage: International Edition*, Pearson.（岡田正大『企業戦略論―戦略経営と競争優位―上（基本編）』ダイヤモンド社、２０２１年）
・Christensen, Clayton M. (2001), *The Innovator's Dilemma：When New Technologies Cause Great Firms Fall*, Harvard Business Review.（玉田俊平監訳『イノベーションのジレンマ―技術革新が巨大企業を滅ぼすとき』翔泳社、２００１年）
・Hamel, Gary & C. K. Prahalad（1996）, *Competitive for The future*, Harvard Business School Press, 1996.（一條和夫訳『コア・コンピタンス―大競争時代を勝ち抜く戦略―』ダイヤモンド社、１９９５年）
・Porter, Michel Eugene（1985）, *Competitive Strategy：Techniques for Analyzing Industries and Competition*, Free Press.（土岐　坤・中辻萬治・服部照夫訳『競争優位の戦略』ダイヤモンド社、１９９５年）

《著者紹介》

塩見英治（しおみ・えいじ）

1947年生まれ，早稲田大学大学院商学研究科修士課程修了，九州大学大学院経済学研究科博士後期課程中退。中央大学経済学部教授，ブリティッシュ・コロンビア大学客員研究員，早稲田大学大学院非常勤講師，国土交通省・東京都・八王子の委員，航空保安協会評議員，航空政策研究会理事，日本交通学会会長，国際公共経済学会会長，中央大学評議員，などを歴任。現在，中央大学名誉教授。日本交通学会名誉会員，日本流通学会会員，中央大学経済研究所・企業研究所客員研究員，法政大学大原社会問題研究所嘱託研究員，商学博士（神戸大学）。防災士資格取得。

【著書】


編著書『改訂　交通産業論』白桃書房，1994年（公益事業学会奨励賞受賞）。

編著書『現代物流システム論』中央経済社，1998年（韓国で翻訳書，刊行される）。

単著『米国航空政策の研究―規制，規制緩和の研究』文眞堂，2006年（交通図書賞，日本交通学会賞，国際公共経済学会尾上賞などを受賞）。

編著者『現代公益事業―ネットワーク産業の新展開』有斐閣，2011年。

編著書『東アジアの地域協力と経済・通貨統合』中央大学出版部，2011年。

編著書『人口減少下の制度改革と地域政策』中央大学出版部，2011年。

編著書『交通経済ハンドブック』白桃書房，2011年（構想委員会委員長）。

編著書『現代リスク社会と3・11複合災害の経済分析』中央大学出版部，2014年。

共著書『東京・多摩の総合的研究』中央大学出版部，2015年。

単著『国際航空の自由化研究序説』中央大学出版部，206年。

監修『自由化時代の公益事業』八千代書房，2016年。

編著書『観光交通ビジネス論』成山堂，2017年。

共著書『日本経済の再生と新たな国際関係』中央大学出版部，2016年。


【翻訳】


共訳『航空輸送のグローバル化と戦略的経営』（L. Gialloetto, Strategic Airline Management）成山堂書店，1991年。

共訳『国際航空輸送の経済学』（R. Doganis, Flying Off Cource-Economics of International Airline）成山堂書店，1986年。

共訳『改訂　国際航空輸送の経済学』（R. Doganis, Flying Off Cource-Economics of International Airline）成山堂書店，1995年。

共訳『21世紀の航空ビジネス』（R. Doganis）中央経済社，2003年。

共訳『ロジスティクスと小売経営―イギリス小売業のサプライチェーン・マネジメント』（J. Fernie and L. Spark, Logistics and Retail Management）白桃書房，2008年。

共訳『21世紀の米国高速道路』（Federal Highway Administration America’s Challenge for Highway Transportation in the 21th Century), US DOT.（2002），米国自動車政策研究会。

監修・共訳『国際航空貨物輸送』（P. S. Morell, Moving Boxes by Air：The Economics of International Air Cargo）成山堂書店，2016年。

監修・共訳『グローバル経済における空港のファイナンスと投資』（Anne Graham and Peter Morrell, Airport Finance and Investment in the Global Economy）創成社，2018年（住田航空賞受賞）。

（検印省略）

2024年5月27日　初版発行　略称 — コンビニ

コンビニがわかれば現代社会のビジネスが見えてくる
—日本的小売業のイノベーター—

著　者　塩見英治
発行者　塚田尚寛

発行所　東京都文京区春日2－13－1　株式会社　創成社
電　話　03（3868）3867　ＦＡＸ　03（5802）6802
出版部　03（3868）3857　ＦＡＸ　03（5802）6801
http://www.books-sosei.com 振　替　00150-9-191261

定価はカバーに表示してあります。

ISBN978-4-7944-5075-3 C0234
Printed in Japan

組版：ワードトップ　印刷：エーヴィスシステムズ
製本：エーヴィスシステムズ
落丁・乱丁本はお取り替えいたします。

創成社新書

創成社刊